INÍCIO DA HÉGIRA - 622																
II	III	IV	V	VI	VII	VIII	IX	X	XI	XII	XIII	XIV	XV	XVI	XVII	XVIII	XIX	XX	XXI	XXII	XXIII

Romano   Fatímidas   Estados   Estados   Império Otomano   Independência
             Califados Abássidas   Latinos   Mamelucos   22/11/1943
                     Omíadas   Cruzados
Império Romano do Oriente   Mandato Francês

HISTÓRIA ILUSTRADA DO LÍBANO

NAYLA DE FREIGE E MARIA SAAD
ILUSTRAÇÕES: FADLALLAH DAGHER

Copyright © 1987 Nayla de Freige, Maria Saad e Fadlallah Dagher

Título original francês:
Histoire Illustrée du Liban
Traduzido do original francês

2015
Impresso no Brasil

Dados Internacionais de Catalogação na Publicação (CIP)
(Câmara Brasileira do Livro, SP, Brasil)

Freige, Nayla de
    História Ilustrada do Líbano / Nayla de Freige e Maria Saad
    Ilustrações de Fadlallah Dagher;
    São Paulo: Edde Editora Ltda ME, 2015.
    64p.: il.;

    Título original: *Histoire illustrée du Liban*.
    ISBN 978-85-68660-00-3

    1. Líbano - História 2. Literatura árabe -
    Líbano I. Saad, Maria. II. Dagher, Fadlallah.
    III. Título.

15-01829   CDD: 956.92

Índices para catálogo sistemático:
1. Líbano : História 956.92

Fouad Aboucha'r colaborou com as pinturas das ilustrações
Os mapas evolutivos foram feitos por Michael Davie

Traducão: Maria Dulce Eddé de Oliveira e Hilda Eddé
Copidesque: Maria das Mercês Rocha Leite
Revisão: Márcia Regina de Matos Moraes, Marcus Vinícius Mesquita de Sousa, Mariluce Moisés e Pedro Felipe de Matos Moraes
Adaptação visual, capa e diagramação: Hugo Rogel

Todos os direitos desta edição reservados à
Edde Editora Ltda. ME
Rua Augusta, 2709 | cj 83
São Paulo - SP | cep 01413-100
11 3061.0904 - 11 3061.1168
eddeeditorame@gmail.com

Legenda das fotos da capa

1. Cedro do Líbano
2. O castelo cruzado de Jbayl (Byblos)
3. Um barco fenício
4. O emir Bachir II Chehab
5. As seis colunas do templo de Júpiter em B'albek
6. Um camponês libanês
7. A independência do Líbano
8. O emir Fakhr Ad-Din II Ma'n
9. Um portal mameluco em Trípoli

Conhecer a História para conhecer a si mesmo

Como era o nome de seu pai? Salim. Como era o nome de seu avô? Não me lembro; sei que parece que ele era gringo, coisa assim. Esse diálogo não precisa ser inventado. Acontece com descendentes de italianos, de espanhóis, de libaneses, de portugueses. Se o jovem não conviveu com os avós, dificilmente sabe quem foram, de onde vieram, em que circunstância, em que ano.

No entanto, o conhecimento de seu passado ajuda as pessoas a viver melhor o seu presente; compreender as dificuldades ou as oportunidades vividas pelos antepassados situa-nos com mais precisão na realidade de hoje; eventualmente o conhecimento — sem racismo — das características genéticas transmitidas através de gerações, pode nos ajudar no desempenho atlético ou até a prevenir doenças futuras.

Tudo isso começa com o conhecimento da História, essa matéria tão essencial, e que cada dia torna-se mais importante nas escolas de direito, de letras, de comunicações.

Por isso devemos louvar a iniciativa das editoras Maria Dulce Eddé e Mariluce Moisés, ao promoverem a tradução para o português do livro *História Ilustrada do Líbano*, das autoras libanesas Nayla de Freige e Maria Saad, com a colaboração do excelente ilustrador Fadlallah Daguer, cujos desenhos minuciosos revelam um enorme trabalho de pesquisa histórica.

Compreender a história do Líbano, para os milhões de descendentes brasileiros dos imigrantes que aqui aportaram, é o primeiro passo para uma autoestima maior e uma possibilidade de ter algo em comum com os outros milhões de pessoas espalhadas por todo o planeta. A consciência da origem comum cria, naturalmente, uma solidariedade espontânea, que facilita o diálogo e o entendimento entre as pessoas.

No caso brasileiro essa constatação é ainda maior. Um descendente de libaneses nascido no Amazonas certamente sente-se bem ao encontrar outro em Santa Catarina; outro nascido no Rio identifica-se com seus patrícios em São Paulo ou na Bahia. Eu próprio já vivi várias situações desse tipo em diversos países do mundo, mas particularmente na América Latina.

Esse é um livro que, editado agora, deve ser reeditado várias vezes através dos anos. A História continua — a cada dia fatos novos serão acrescentados, mas as bases, que devemos conhecer, continuam as mesmas.

Roberto Duailibi
Publicitário

Prefácio da edição original

É com muita arte e erudição que Nayla de Freige, Maria Saad, assim como o ilustrador Fadlallah Dagher nos apresentam sua *História Ilustrada do Líbano* – desde a Idade da Pedra até os nossos dias. A obra tem a desenvoltura, a atração, a graça dos livros para crianças, mas também demonstra a larga amplitude de conhecimentos, a preocupação com a objetividade e o rigor de observação e de testemunho que são as primeiras qualidades dos textos para adultos.

Decididamente, toda verdade é boa de ser dita: tudo depende da maneira como é dita e do espírito com o qual ela é dita. Aqui não há nenhum preconceito, nenhuma intenção de polêmica, mas, sim, um constante desejo de transcender todas as controvérsias, para permitir que nos conheçamos e sejamos conhecidos de um modo melhor, e que também nos amemos.

Sabemos que, em certo nível, o verdadeiro, o belo e o bem sempre se encontram. A *História Ilustrada do Líbano* é uma prova e um exemplo do quanto essa máxima é certa.

Ao nos entregar um estudo tão valioso nestes tempos conturbados, nossos três compatriotas acrescentam às lições sobre nosso prodigioso passado uma razão a mais para acreditarmos em nosso destino.

Charles Hélou
Ex-Presidente da República Libanesa
Presidente de Honra da Associação
Internacional de Parlamentares
de Língua Francesa

Para Moussa,
Souraya,
Rhéa,
Tamara,
Yasmine,
Georgia e
Théa.

Ao longo dos séculos, uma faixa de terra ladeando
o Mar Mediterrâneo Oriental, suas montanhas e
suas planícies atraem impérios e abriga minorias.
Essas páginas contam com fidelidade sobre os povos
e os grandes homens que fizeram a história desta terra:
o Líbano.

A Idade da Pedra

aprox.
180.000 a.C.

Há muito tempo os homens já vivem num lugar que mais tarde se chamará Líbano. **Eles se deslocam em busca de alimento ao longo dos rios** Litani, Ibrahim, El-Kalb, Beirute. Nessa época, eles caçam, pescam e colhem raízes, ervas e frutas silvestres. Suas únicas armas são galhos de árvores e pedras não talhadas. Eles usam esses objetos para se defender e matar animais selvagens. Leões, tigres, lobos, rinocerontes, gazelas, cabras, ursos, raposas vivem em liberdade nas montanhas, nas florestas e nas planícies do interior e do litoral.

Por volta de 180.000 a.C., esses homens se abrigam nas grutas naturais ao longo do litoral. Eles descobrem **o fogo** e podem finalmente aquecer-se, cozinhar a caça, iluminar-se à noite e afastar os animais selvagens. Eles aprendem a talhar as pedras: suas armas e suas ferramentas tornam-se mais pontudas e cortantes. Esses homens são chamados de **homens de Neandertal.**

Por volta de 80.000 a.C., o homem de Neandertal desaparece e é substituído pelo *Homo Sapiens,* que também se abriga nas grutas, mas tem ferramentas de pedra mais variadas.

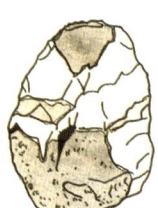 

Vestígios de vida humana pré-histórica foram achados nas grutas das cidades de 'Adlun, Jezzine, Beirute, Batrun, Chekka e Baskinta.

Perto de Antelias, na gruta de Kasr 'Akil, foi descoberto um esqueleto de uma criança de aproximadamente 8 anos. Esse esqueleto foi datado do ano 30.000 a.C.

O começo da agricultura

aprox.
5000 a.C.

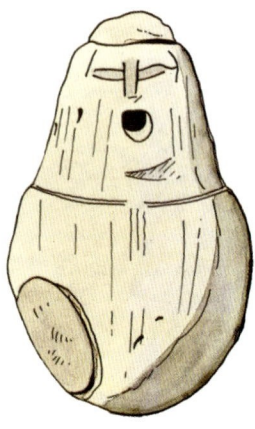

Anzóis de osso são descobertos em Gubla (atual Jbayl). A pesca é uma das principais atividades dos habitantes desse vilarejo.

Representação de um rosto humano desenhado sobre um seixo descoberto em Gubla e datado do ano 4500 a.C. **Seria esse um dos primeiros ídolos?**

Os homens compreendem que uma semente jogada no solo se transforma em planta. Eles **semeiam e cultivam a terra** em torno de seus abrigos naturais, domesticam cães, carneiros e cabras.

Pouco a pouco, os homens se afastam de suas grutas e instalam-se nas planícies, onde podem estender seus cultivos. Aí, perto de suas terras, constroem seus abrigos.
Formam-se os primeiros vilarejos. As novas habitações são em forma circular ou ovalada, as paredes são de barro misturado com palha e apóiam-se em alicerces de pedras coletadas nas redondezas, e o chão é de terra batida, às vezes recoberto de cal.
A família enterra seus mortos debaixo do chão da casa.
Os vilarejos espalham-se ao longo da costa, nas montanhas e na planície que mais tarde se chamará Beqa'.

Com o desenvolvimento da agricultura, o homem tenta conservar os grãos que colhe. Provavelmente são as mulheres que trabalham a argila para fazer tigelas e jarras para armazenar as provisões. Geralmente esses **artefatos de barro** são decorados com a unha, uma concha ou um caule de caniço.

  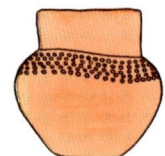

A descoberta do cobre

aprox.
3500 a.C.

O cobre é um metal que provavelmente vem das minas da ilha de Chipre e do deserto do Sinai. Derretido no fogo e despejado nas formas, o cobre serve, sobretudo, para fabricar armas, como punhais, mas as ferramentas e a maioria das armas continuam em pedra talhada.

Os habitantes de Gubla enterram seus mortos em grandes urnas. O guerreiro é enterrado com seu punhal e sua clava de pedra, e a mulher é enterrada com suas jóias (faixa frontal em prata ou ouro, colar de pérolas...). Pequenos potes de barro são depositados na urna, caso o morto precise usar numa vida futura.

Com o tempo, o uso do cobre se espalha. O homem o utiliza para fazer **ferramentas mais sólidas** e resistentes: assim, ele pode abater árvores e extrair pedras do solo.
Graças às novas ferramentas, **as habitações evoluem**. De forma circular, passam a ser **retangulares**. As paredes são feitas de pedra; pilares e traves de madeira sustentam o telhado de terra batida.

"A sabedoria já edificou a sua casa, já lavrou as suas sete colunas."
(Bíblia – Provérbios)

Com o tempo, os pilares passam a ser sempre em número de 7. É o sétimo pilar, situado no terço do comprimento do aposento, que sustenta todo o peso do telhado. Ele é chamado de **pilar da sabedoria**.

Urna funerária:
1451 urnas da mesma época foram descobertas em Jbayl.

A formação da cidade-estado

aprox. 2800 a.C.

Cidade de Gubla:
O **templo de Ba'lat-Gubla**, que quer dizer "A Senhora de Gubla", é erguido por volta do ano 2800 a.C.
O **templo em L** é edificado dois séculos mais tarde. Nessa mesma época, no Egito, os faraós edificam as grandes pirâmides.

Estatuetas de cobre datadas de 1900 e 1500 a.C. foram encontradas nas montanhas acima de Sídon e Sur: naquela época, essas montanhas eram cobertas por florestas. As famílias que habitavam a região trocavam madeira por artefatos de cobre trabalhado pelos cananeus, no litoral.

Nesse momento, o povo que habita o litoral do Líbano faz parte dos **povos de língua semita** que se espalharam pelo Oriente Médio. Desenvolvem-se intercâmbios comerciais com o Egito. Transportando ânforas cheias de azeite de oliva, madeira de cedro, pinheiro e abeto, vários barcos partem do porto natural de Gubla. Essa madeira é indispensável ao Egito dos faraós para a construção de palácios e templos: a resina dessas árvores serve para a mumificação dos corpos reais. Os barcos retornam cheios de ouro da Núbia, de linho, de cordas e provavelmente de trigo e lentilha.

O desenvolvimento do **comércio-escambo** rumo ao Nilo, por mar, e à Mesopotâmia, por terra, transforma o pequeno povoado de Gubla em uma **cidade-estado**. Metalúrgicos, oleiros, soldados, pescadores, agora trabalham lado a lado.

Uma cidade-estado está sempre situada num porto ou próxima a uma via. Geralmente ela é rodeada de terras férteis, onde vão se formando vilarejos. Cada cidade tem seu rei e seus sacerdotes. Uma muralha de pedra protege a cidade dos vizinhos cobiçosos.

Por volta do ano 2300 a.C. uma nova onda de nômades de língua semita chega do sul e instala-se no Oriente Médio: são os **amoritas**. Dentre eles, os que habitam ao longo do litoral tomam o nome de **cananeus**.

Egípcios, hititas... e egípcios de novo

aprox. 1350 a.C.

Por volta do ano 1530 a.C. as relações entre o Egito e a **costa cananéia** já não são apenas comerciais. As cidades de Gubla, Sídon e Sur agora fazem parte do **Império Egípcio** e devem pagar-lhe um tributo (madeira, azeite...).

Os hititas, vindos do norte em seus cavalos e carros de combate, cobiçam essas cidades costeiras, mas o poderoso exército egípcio está sempre presente para defendê-las.

Em 1350 a.C., o faraó egípcio Akhenaton está ocupado em estabelecer novas reformas interiores e religiosas. Ele já não responde às "tabuinhas de pedido de socorro" que lhe enviam os reis de Sur e de Gubla. Sídon, Sur, Berita (atual Beirute) e depois Gubla são conquistadas por Aziru, vassalo amorita do rei hitita.

Após a morte de Akhenaton, o Egito reorganiza-se militarmente. O faraó Ramsés II e seu exército lutam contra o exército hitita em Qadech em 1271 a.C. Não há vencedores nem vencidos! A batalha termina com um tratado de amizade. **O Egito retoma o controle do litoral** até o rio El-Kabir.

Os intercâmbios comerciais das cidades cananéias com os egípcios e com os micenianos da Grécia, ao norte, têm novo florescimento.

Estelas do rio El-Kalb: no seu caminho em direção a Qadech, Ramsés II para na foz do rio El-Kalb, onde falésias íngremes erguem-se do mar. Essas barreiras naturais são difíceis de atravessar. Nessas paredes rochosas, ele manda talhar três estelas, como lembrança de sua passagem.

Os fenícios, mestres do comércio no Mediterrâneo

aprox. 1100 a.C.

O império hitita é destruído. O poder marítimo dos micenianos da Grécia é aniquilado, e os egípcios já não dominam o litoral. Tudo isso permite que as **cidades cananéias** se tornem **independentes**. Graças ao seu conhecimento das estrelas, dos ventos e das correntes marítimas, seus barcos mercantes navegam no Mediterrâneo. Seu alvo não é a conquista militar, mas, sim, **o comércio.**

Os gregos chamam esses homens de **"fenícios"**, termo derivado de uma palavra grega que significa "de cor vermelha"; no entanto, eles se autodenominam "homens de Sur", "filhas de Sídon", "filhos de Gubla"... Essa designação de fenícios é provavelmente devida à tintura vermelho-arroxeada, chamada púrpura, que transportam e somente eles conhecem.

Há uma grande rivalidade entre as diversas cidades fenícias. Apesar de falarem a mesma língua, cada uma delas forma uma cidade independente, com seu próprio rei e seus próprios deuses. Os habitantes do interior – isto é, da planície da Beqa' – dependem das cidade-estado **aramaicas** Damasco e Hama.

Representação do deus Ba'l.

Os cananeus adoram vários deuses:
El (o rei dos deuses); **Ba'l** (filho de El e deus do trovão); **Mot** (deus do verão); **'Anat** (deusa, irmã e amante de Ba'l); **'Ashtarot** (deusa da fecundidade e do amor); **Eshmun** (deus da cidade de Sídon e deus da cura); **Melqart** (deus da cidade de Sur).

Os fenícios artesãos

Os fenícios navegam em direção ao oeste e criam **feitorias** ao longo do mar Mediterrâneo. Eles trazem cobre de Chipre, estanho da Espanha, marfim da África...
A leste, suas caravanas caminham até a Mesopotâmia. Os navegantes da ilha de Sur colaboram com seus novos vizinhos, os hebreus: juntos, pelo mar Vermelho, eles trazem de volta ouro, prata e especiarias da Arábia e da Etiópia.

Os fenícios são bons **artesãos,** e sua mão-de-obra especializada é muito apreciada. Eles trabalham o ouro, a prata, o bronze, o marfim e a madeira, fabricam **vidro e jóias.** Excelentes **construtores,** auxiliam os hebreus de Israel na construção do templo e do palácio do rei Salomão e também decoram palácios da Mesopotâmia.
Em Sur e Sídon eles extraem a **púrpura** de um molusco, o **múrex.** Essa tintura cara permite colorir tecidos de lã e de linho em tons que vão do rosa ao violeta.

Para satisfazer todos os gostos, a arte fenícia inspira-se nas artes egípcia, mesopotâmica e miceniana. Nessa época, os escribas usam **um novo alfabeto,** formado por vinte e duas consoantes, sem vogais, que eles propagam em suas viagens.

Na Ilíada, Homero conta que Páris rapta Helena, leva-a para Troia e oferece-lhe uma roupa tecida pelas mulheres de Sídon.
Homero também fala dos jogos gregos em que os vencedores recebiam taças de ouro e de prata trabalhadas pelos sidonianos.

A lenda de Cadmo:
Europa, uma princesa fenícia, é raptada por Zeus, que assumira a forma de um touro. Cadmo, irmão de Europa, sai em sua busca. Chegando às costas gregas, ele aí se instala e ensina o alfabeto fenício, que dará origem ao alfabeto grego e ao alfabeto latino.

Os Impérios Assírio e Babilônico

877 a.C.

Fundação de Cartago em 814 a.C.
Elissa, princesa de Sur, foge da cidade com um grupo de nobres.
Graças a um estratagema, ela leva em seu barco sacos cheios de ouro.
Chegando às costas da África do Norte, ela funda a cidade de Cartago.
A lenda diz que Elissa pede ao soberano africano um local para construir sua cidade: um local que seja tão grande quanto uma pele de boi. Então, ela manda cortar a pele em tiras muito finas e desse modo delimita uma área suficientemente grande para construir Qart-Hadash, que quer dizer "cidade nova" em fenício.

As cidades fenícias são ricas e abertas para o mar Mediterrâneo. Elas atraem **os assírios** que reinam na **Mesopotâmia.** Preocupadas, Gubla, Sídon e Sur empenham-se para pagar um tributo em ouro, objetos preciosos, madeira... e até macacos, para preservar sua independência e seu comércio florescente. Mas é somente uma trégua!
Duzentos anos mais tarde, essas cidades, que fazem parte do império assírio, revoltam-se contra seus ocupantes. A reação é violenta, e Sídon é destruída; Sur resiste, mas rende-se em seguida.

Em 612 a.C., **os babilônios,** originários também da **Mesopotâmia,** põem fim ao poderio assírio. Nabucodonosor, rei do Novo Império Babilônico, impõe suas leis. As cidades fenícias revoltam-se novamente, porém, em vão! Somente a ilha de Sur resiste durante treze anos... depois se rende. Enfraquecida, ela cede a Cartago uma parte de suas feitorias no estrangeiro.

Assírios e babilônios deixam vestígios de suas passagens em estelas talhadas nas rochas do rio El-Kalb.

Os recém-chegados: os persas

539 a.C.

Os persas invadem a Mesopotâmia e depois todo o Império Babilônico. Os fenícios acolhem Ciro, rei dos persas, como vencedor e empenham-se para pagar-lhe um tributo.

Reinam a ordem e a paz. As cidades fenícias conhecem **dois séculos de prosperidade.** Sídon ergue-se das ruínas e torna-se a capital regional do Império Persa e seu porto principal.
Sur, Sídon e Gubla cunham suas próprias moedas, o que facilita os intercâmbios comerciais com países afastados. Os persas incentivam a construção de templos dedicados aos deuses fenícios. O rei de Sídon edifica o templo de Eshmun, deus da cura. O templo de Gubla é restaurado e embelezado...

Já sob o Império Assírio, Sídon, Sur e a ilha de Arwad haviam fundado no litoral, lado a lado, três bairros mercantes que, juntos, constituiriam mais tarde a cidade de Trípoli ("tri-polis", três cidades, em grego). É nessa cidade que, sob a dominação persa, a federação fenícia reúne-se e discute os grandes problemas comuns. Em 351 a.C., nos bairros sidonianos de Trípoli, **explode uma revolta** contra os persas, que se alastra por todo o litoral. Os persas reagem violentamente e queimam a cidade de Sídon.

Uma cirurgia dentária realizada em Sídon por volta de 400 a.C.:
um fio de ouro puro é passado em volta dos caninos e incisivos para fixar os dentes demasiadamente soltos do paciente.

A frota marítima grega cresce. Com medo da concorrência no Mediterrâneo, os fenícios colocam **barcos de guerra** à disposição dos persas para auxiliá-los em suas batalhas contra os gregos.

Alexandre, o Grande

333 a.C.

Com o tempo, o acúmulo de areia em torno do dique construído por Alexandre **transforma a ilha de Sur em uma península.**

De 264 a.C. a 146 a.C. **as Guerras Púnicas opõem Roma a Cartago.**
Aníbal I, grande general cartaginense, obtém numerosas vitórias contra os romanos, mas, por fim, é vencido em 202 a.C. Em 183 a.C., ele prefere morrer, envenenando-se, a ser entregue aos romanos.
Em 146 a.C., os romanos destroem Cartago, tornando-a uma colônia romana.

O rei Felipe da Macedônia unifica a Grécia. Seu filho **Alexandre** provoca a fuga do rei persa e parte rumo à costa fenícia.
Gubla e Sídon acolhem-no como libertador, mas Sur resiste. O cerco da ilha de Sur dura sete meses. Alexandre constrói um dique entre a terra firme e a ilha com milhares de troncos de árvores e toneladas de pedras e ataca a fortaleza com catapultas. Os habitantes de Sídon ajudam-no. Sur é finalmente vencida e incendiada, dois mil homens são crucificados, mulheres e crianças são vendidas como escravas.
Com Alexandre, as cidades fenícias recuperam um pouco de liberdade.

As conquistas de Alexandre estendem-se até a Índia.
Depois de sua morte, **seus generais dividem o império entre si.** Durante mais de 100 anos, tanto o litoral fenício como o interior ficam ora nas mãos dos **selêucidas,** descendentes do general Seleucos, ora nas mãos dos **ptolomeus,** que eram do Egito. Os selêucidas governam a região do ano 198 a.C. até a chegada dos romanos.

A influência grega reflete-se na arquitetura, na escultura e na moda. As pessoas vestem-se e penteiam-se "à moda grega"; a língua grega se dissemina, os deuses e as cidades mudam de nome: Gubla passa a ser chamada de Biblos, nome grego que significa "papiro". Sur passa a ser Tiro...
A região se heleniza.

A conquista romana

64 a.C.

No Império Selêucida reinam a anarquia e a insegurança. Os itureus, tribos árabes vindas do deserto, aproveitam para se instalar no norte da montanha do Líbano e na planície da Beqa', e vivem assaltando o litoral.
Os romanos, chefiados pelo **general Pompeu,** destroem o Império Selêucida e subjugam os itureus.
A partir dessa época, a costa fenícia, as montanhas e a Beqa' passam a fazer parte de uma grande província romana chamada **Síria.**
Uma rede de estradas esquadrinhada com balizas cobre a província romana. **Heliópolis** (B'albek) fica no cruzamento das rotas das caravanas. A cidade de **Berita** (Beirute) torna-se uma colônia romana e controla toda a região costeira.

A algumas léguas daí, na Palestina, por volta do ano 6 a.C., **Jesus** acaba de nascer. Seus discípulos propagam sua mensagem nas margens do Mediterrâneo. Eles pregam que Deus é único e Jesus é o filho de Deus que veio à terra para salvar os homens. E assim nasce a **religião cristã.**

A Bíblia é uma compilação dos textos do Antigo e do Novo Testamentos. O Antigo Testamento, redigido em hebraico e em aramaico, conta a história do povo judeu. O Novo Testamento, escrito em grego, fala da vida de Jesus, do ensinamento da religião cristã e das origens da Igreja.

Por volta do ano 550 d.C., os cristãos consideram a data de nascimento de Jesus como **o começo da era cristã.**

Os romanos na Fenícia

Berita

É nos espetaculares **templos romanos de Heliópolis** (B'albek) que acontecem regularmente festivais sagrados dedicados aos deuses Júpiter, Vênus, Baco...

No ano 70 d.C., o general romano Tito destrói Jerusalém. **É o fim da história antiga de Israel.**

A Pax Romana reina durante mais de dois séculos. Ela favorece o desenvolvimento das produções fenícias. O azeite de oliva, os tecidos de linho, de seda ou de lã tingidos e o vidro soprado são exportados para todo o império. As cidades costeiras enriquecem.

Os romanos são construtores. As cidades são entrecortadas por ruas perpendiculares. No centro fica o fórum ou a praça do mercado; é lá que acontecem os intercâmbios comerciais, os encontros artísticos...
Teatros, arenas, pórticos, termas, embelezam as cidades. Templos dedicados a deuses locais com nomes romanos balizam todas as rotas de caravanas.
Berita (Beirute) é uma cidade universitária: **sua escola de direito** atrai estudantes vindos das mais remotas províncias romanas.
Os jogos romanos, que acabam de ser inaugurados, fazem sucesso: combate de animais selvagens nas arenas, corrida de carros nos hipódromos de Berita e de Tiro...

A segurança e a prosperidade permitem que todas as regiões se desenvolvam. A região do Chuf e da Beqa', ainda pouco habitadas, vão sendo povoadas.

O Império Romano do Oriente ou Império Bizantino

395

Em 330, o imperador romano Constantino toma o poder pela força. Ele se converte ao cristianismo, reconstrói Bizâncio e faz dela sua nova capital, que denomina **Constantinopla.**

Em 395, o império romano é dividido em dois: o Império Romano do Ocidente e **o Império Romano do Oriente.** Somente o Império do Oriente sobrevive.

O cristianismo torna-se a religião oficial, e por toda parte constroem-se igrejas.

A prosperidade e a segurança, herdadas do Império Romano, continuam. Partindo da China, a "rota da seda" passa por Tiro: é daí que especiarias, fios de seda e tecidos seguem para a Europa.

Desde o ano 305, **uma série de tremores de terra** e maremotos sacode todo o litoral. Em 551, o mais violento desses terremotos destrói 101 cidades, das quais Berita é a que mais sofre. Todos os seus monumentos desaparecem.

Nessa época, um eremita chamado **Marun** vive na montanha no noroeste de Antioquia. Após a sua morte, seus fiéis edificam em sua memória o **convento de Mar Marun** (São Maron) perto de Hama, nas margens do rio Orontes. **São os primeiros maronitas.**

Helena, mãe do imperador Constantino e cristã fervorosa, descobre a Cruz em Jerusalém.
Diz a lenda que ela acende um fogo que, reaceso de estalagem em estalagem, percorre os montes até chegar ao imperador.
Para comemorar esse fato, todo dia 14 de setembro o céu se ilumina de fogueiras e fogos de artifício em todas as regiões cristãs do Oriente: **é a Festa da Cruz!**

Os pisos das igrejas e das casas bizantinas são ornamentados com **mosaicos** representando animais, personagens ou formas geométricas.

As conquistas do Islã

635

* ***Bilad Ech-Cham*** é o nome dado à região que se estende do rio Eufrates, a leste, até o mar Mediterrâneo, a oeste, e do monte Taurus, ao norte, até o Sinai, ao sul.

É no **Corão**, o livro sagrado dos muçulmanos, que estão compiladas as palavras de Deus reveladas a Maomé. Ele se compõe de 114 capítulos ou *suras*, e cada uma dessas *suras* é dividida em versículos ou *ayat*.

Por volta do ano 610, em Meca, na Península Arábica, um homem chamado **Maomé** (Mohamad) prega uma nova religião: o **islã ou islamismo**: "Só há um Deus, e Maomé é seu Profeta".
Em 622, o Profeta abandona Meca para ir a Medina. Esse ano marca **o ano 1 da Hégira** ou início do calendário muçulmano. A maioria das tribos árabes da península converte-se ao islamismo e torna-se muçulmana.

Após a morte do Profeta, **os muçulmanos** escolhem **um califa,** ou seja, um chefe religioso e político. São travadas numerosas guerras (chamadas de *el-jihad*, contra os *rumis*, nome dado aos bizantinos), que chegam até **Bilad Ech-Cham*.** O vale da Beqa' e depois as cidades costeiras de Beirute, Sídon, Sur, Jbayl e finalmente Trípoli são conquistados. Os bizantinos retiram-se para o norte, seguidos por uma parte da população dessas cidades.

Mu'awiya, o novo governador da região, é nomeado *wali* (prefeito) de Damasco e constrói a primeira frota árabe com a ajuda dos habitantes de Trípoli e de Sur.
É assim que ele defende a costa de *Bilad Ech-Cham* contra os ataques marítimos dos bizantinos. O comércio com o império bizantino diminui. Beirute, Sídon, Sur e Trípoli empobrecem.

Os omíadas

661

Mu'awiya, *wali* de Damasco, e 'Ali ibn Abi Taleb, primo e genro do Profeta, disputam o título de califa durante cinco anos. 'Ali é assassinado por um de seus partidários. Em 661, Mu'awiya é proclamado califa dos muçulmanos. Ele funda **a dinastia dos omíadas** e escolhe **Damasco** como capital.

Os partidários de 'Ali (*xi'at* 'Ali) são chamados de **xiitas**, em oposição aos **sunitas**, que reinam em Damasco. Hussein, filho de 'Ali, tenta tomar o poder no Iraque. Ele é morto pelo exército omíada em Karbala.

Com os omíadas, a língua árabe e a religião muçulmana se propagam. Nessa época, toda a região de *Bilad Ech-Cham* vivencia uma grande tolerância religiosa. Cristãos e judeus oram em paz, desde que paguem o imposto e obedeçam ao Estado muçulmano. Numerosos cristãos, entre eles maronitas, vivem no vale do rio Orontes e no vale de Qadicha.

Em 680, os maronitas separam-se da Igreja bizantina e designam seu próprio patriarca, que se instala no vale do rio Orontes. Cinco anos mais tarde, os bizantinos penetram esse vale e incendeiam o convento de Mar Marun. O patriarca maronita transfere imediatamente a sede de sua igreja para Kfarhay, nas regiões elevadas de Batrun.

Os mardaítas são tribos cristãs que moram nas fronteiras do norte de *Bilad Ech-Cham*. Os bizantinos encorajam-nos continuamente a atacar o exército omíada. Por volta do ano 700, o califa omíada paga um pesado tributo aos bizantinos para acabar com esses ataques. A maioria dos mardaítas é dispersada pelo Império Bizantino; os que permanecem integram-se à população cristã do vale de Qadicha.

As ruínas de **'Anjar**, no vale da Beqa', são vestígios de um palácio omíada.

Uma nova dinastia: os abássidas

750

Em Bagdá, com o califa abássida Harun al-Rashid, **ocorre o apogeu da civilização muçulmana,** tal como é descrito no livro "As mil e uma noites". Filósofos, poetas, médicos, matemáticos, químicos, astrólogos, orbitam em torno do califa.

Uma nova dinastia sunita – **os abássidas,** descendentes de Abbas, tio do Profeta – derruba o poder dos omíadas. Os abássidas transferem a capital de Damasco para **Bagdá.**

A divisão administrativa de *Bilad Ech-Cham* permanece a mesma, porém os abássidas impõem à população local leis mais severas e impostos mais pesados. **Há ameaças de revolta.** A revolta de Mnaytra (nas regiões altas de Jbayl), sustentada pelos bizantinos, provoca severas reações por parte dos abássidas. Os rebeldes e suas famílias são mortos ou dispersados pela região e seus bens são confiscados. O imã El-Uza'i de Beirute solicita ajuda ao governo para acabar com essas atrocidades.

A fim de reforçar seu controle, os abássidas encorajam tribos como os filhos de Tannoukh, os ***Banu* Tannoukh** a se instalar em Beirute e no Gharb, as regiões montanhosas que ficam acima da cidade. Simultaneamente, o número de xiitas aumenta no Kesrwan, em B'albek, em Jabal 'Amel e em algumas cidades costeiras.

A agricultura e o comércio florescem de Bagdá até *Bilad Ech-Cham*. Sur é o porto militar dos exércitos do califa.

O reino dos fatímidas

969

O poder dos califas abássidas enfraquece. As províncias afastadas de Bagdá tentam se tornar independentes.

Nessa época, quem reina na África do Norte são **os fatímidas** – uma dinastia xiita ismaelita fundada por um descendente de Fátima, a filha do Profeta. **Em 969,** eles tomam o poder no Egito; depois, ocupam todo o litoral de *Bilad Ech-Cham*, bem como a cidade de Damasco. Os fatímidas desenvolvem o comércio com Veneza e Gênova. Trípoli e Sur beneficiam-se com isso: hotéis de cinco a seis andares são construídos para acolher viajantes e comerciantes estrangeiros.

Por volta do ano 986, uma nova doutrina religiosa nasce no Egito com **o califa fatímida El-Hakim. Hamza,** o vizir persa do califa, organiza os princípios dessa doutrina, e Darazi auxilia a disseminá-la. É a **religião drusa.**

Os novos convertidos são numerosos nas regiões do Gharb, do Matn, do Chuf e do Wadi Et-Taym. A partir do ano 1030, as pessoas somente podem ser drusas se nascerem drusas. Os iniciados na religião drusa, ou sábios, são chamados *'uqqal*, em oposição aos ignorantes, que são os *juhhal*.

Os maronitas abandonam definitivamente o vale do Orontes e continuam agrupando-se ao norte da montanha do Líbano. Daí para frente, a região de *Bilad Ech-Cham* é povoada por várias comunidades religiosas: sunita, xiita, maronita, melquita e drusa.

Os princípios essenciais da ainda muito secreta **religião drusa** são: a crença em um Deus único e na reencarnação da alma humana, porém em outro corpo humano. El-Hakim é a reencarnação de Deus na terra. Ele desaparece misteriosamente; os drusos aguardam seu retorno.

Em 1054 dá-se o **Grande Cisma cristão:** a Igreja de Roma separa-se da Igreja de Constantinopla.
Os melquitas são cristãos da Síria e do Egito que optam por seguir a Igreja de Constantinopla.

Os seljúcidas e a primeira cruzada

1096

Trípoli, cidade da família dos 'Ammar, os *Banu* 'Ammar, é famosa por suas indústrias (papel, açúcar, ourivesaria) e por suas bibliotecas.

Na tomada de Trípoli, os cruzados queimam a famosa biblioteca de Dar El-'Ilm com todos os seus manuscritos.

Haverá ao todo **oito cruzadas**, que se estenderão por dois séculos. Entre os grandes nomes dessas cruzadas estão Balduíno de Bolonha, Raimundo de Saint-Gilles, Godofredo de Buillon, Frederico Barbarossa, Ricardo Coração de Leão, Balduíno IX, Frederico II, Luís IX (São Luís).

Os seljúcidas são muçulmanos sunitas de origem turca, antigos mercenários a serviço dos abássidas.
Em 1055 eles tomam o poder em Bagdá e ocupam uma parte de *Bilad Ech-Cham,* incluindo Damasco, a Beqa' e os locais sagrados da Palestina. Algumas cidades costeiras são dominadas ora pelos fatímidas do Egito, ora pelos seljúcidas. Trípoli e Sur, duas cidades com maioria xiita, aproveitam a confusão para se declarar independentes.

Os seljúcidas também se posicionam no norte, **ameaçando os bizantinos** até Constantinopla. Por outro lado, eles não respeitam as tradições de hospitalidade com os peregrinos cristãos, que visitam há mais de três séculos os locais sagrados da Palestina. Bizantinos e peregrinos solicitam a ajuda do Papa, que apela aos povos francos e aos príncipes cristãos do Ocidente.

Em 1096, os cruzados partem para a conquista da cidade santa, Jerusalém, e das riquezas do Oriente. **É a primeira cruzada.**
Atravessando a Ásia Menor, auxiliados pelos bizantinos e pelos armênios, combatidos pelos seljúcidas, os cruzados chegam às portas de Antióquia depois de uma jornada de dois anos.
Os árabes chamam-nos de *Os franj.*

Os cruzados ocupam a região costeira

1109

Irrompendo do norte, os cruzados chegam às portas de Trípoli. Querendo manter sua autonomia, o emir Banu 'Ammar oferece-lhes cavalos, mulas e ouro. Os maronitas descem de suas montanhas para acolhê-los e guiá-los ao longo do estreito caminho costeiro. Os *franj* atravessam o rio El-Kalb, limite norte do domínio fatímida, e continuam em direção a Jerusalém, sem encontrar resistência. Em 15 de julho de 1099, eles assaltam a cidade santa e massacram milhares de habitantes. **O Reino de Jerusalém é fundado.** Em 1109, os cruzados pilham Trípoli, ocupam-na e delimitam **o condado de Trípoli.**
Beirute, Saida (Sídon) e, quinze anos mais tarde, Sur, são por sua vez conquistadas. Elas farão parte do Reino de Jerusalém.

Constantemente ameaçados pelos seljúcidas que reinam em Damasco, os cruzados organizam suas defesas: eles constroem **castelos fortificados** nas montanhas que sobrepairam toda a região costeira e um castelo fortificado em cada cidade. Os cruzados também constroem uma multidão de igrejas e conventos, contudo sem impor sua religião aos outros habitantes. Eles instalam-se em meio à população local e aprendem a **viver à moda oriental.** Laranja, cana-de-açúcar, xarope, sorvete e tapetes deixam-nos maravilhados!
O comércio com a Europa passa por um novo florescimento através do Mediterrâneo.

Os *Banu* **Buhtur,** ramo da família **Tannoukh,** são os emires do Gharb. Eles combatem os cruzados por conta dos senhores de Damasco, os seljúcidas.

Os seljúcidas instalam a tribo dos *Banu* Ma'n nas colunas do Chuf no noroeste de Saida para combater os cruzados. Alguns anos mais tarde, os *Banu* **Chehab** instalam-se em Wadi Et-Taym, no sul do Anti-Líbano.

Salah Ad-Din El-Ayyoubi

1187

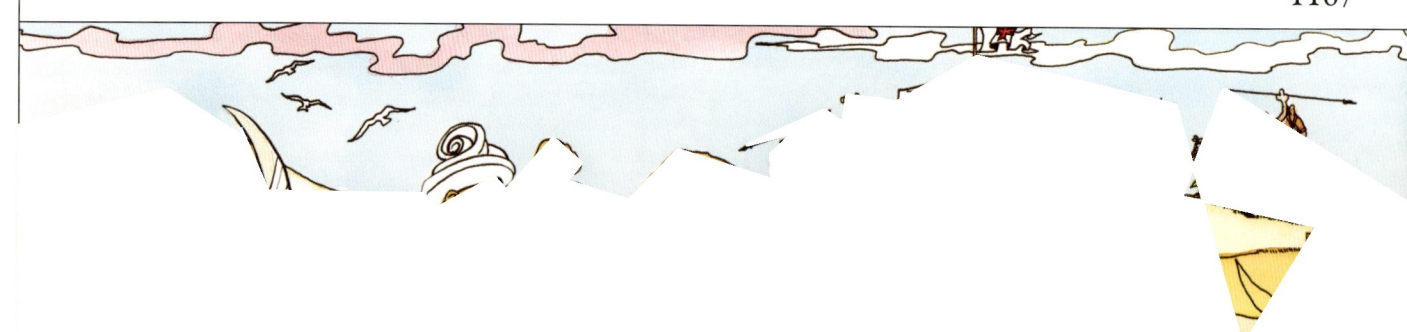

Salah Ad-Din, generoso e cavalheiresco, envia seu próprio médico para tratar de seu inimigo, Ricardo Coração de Leão, rei da Inglaterra, que chefia a terceira cruzada.

Salah Ad-Din El-Ayyoubi (Saladino) é um curdo sunita que cresceu em B'albek. Em 1171, após a morte do califa fatímida, ele toma o poder no Egito e funda a **dinastia dos aiúbidas.** Depois da morte de Nur Ad-Din Zinki, governador de *Bilad Ech-Cham*, Salah Ad-Din entra na cidade de Damasco sem luta, e estende seu território sobre Alepo, a Beqa', o Chuf, o Gharb e o Wadi Et-Taym. Dominando desse modo o litoral, ele busca reconquistar em nome do islamismo todas as cidades que ainda estão nas mãos de seus inimigos, os francos.

Em 4 de julho de 1187 ele ganha **a batalha de Hattin,** próximo ao mar da Galileia. Milhares de cruzados são mortos ou feitos prisioneiros. A estrada de Jerusalém está aberta. Salah Ad-Din reconquista a cidade santa e uma parte do litoral. Os cruzados fogem e refugiam-se nas cidades fortificadas de Trípoli e Sur, enquanto aguardam os reforços da terceira cruzada. O litoral permanece nas mãos dos cruzados e o interior nas mãos de Salah Ad-Din.

Após a morte de Salah Ad-Din, seus sucessores disputam o reino aiúbida. Os cruzados também passam por fases de desavenças. Cruzados e aiúbidas enfraquecem. Um empobrecimento geral sucede à fartura e à prosperidade das primeiras cruzadas.

Os mamelucos expulsam os cruzados

1291

Os mamelucos, antigos escravos de origem turca que servem no exército aiúbida, tomam o poder de seus senhores no Egito em 1250. Eles consolidam o islamismo sunita e prosseguem a luta contra os cruzados.
Em 1291, os cruzados são expulsos em definitivo de todo o litoral e se refugiam em Chipre. O porto de Trípoli é destruído. A atividade do porto comercial de Beirute é reduzida a nada... Durante mais de um século os cruzados tentam em vão reconquistar os territórios perdidos.
Os emires Banu Buhtur, aliados dos mamelucos, governam o Gharb e o litoral de Beirute até Saida e ajudam a repelir os ataques dos cruzados. Eles participam das campanhas dirigidas contra o Kesrwan, povoado então principalmente por xiitas contrários aos mamelucos. Em 1305, o exército mameluco invade o Kesrwan. A população é dispersa ou massacrada. Os mamelucos instalam, então, uma tribo turcomana: os Banu 'Assaf, cuja missão é controlar o Kesrwan e o litoral de Ma'meltayn até o rio El-Kalb.
A cidade de **Trípoli** é reconstruída aos pés do castelo cruzado de Saint Gilles, longe do porto destruído. Mesquitas, casas de banho, escolas, mercados... A arte mameluca é ostentada em toda parte.
Veleiros venezianos e cipriotas voltam a fazer escala no porto de Beirute. Os *Banu* Buhtur enriquecem graças à retomada do comércio.

A cana-de-açúcar é plantada em Trípoli desde a época abássida. Com os mamelucos, esse açúcar é exportado para o Ocidente, em pedaços ou em pó.

Portal de uma mesquita mameluca em Trípoli. A fachada do portal é construída com fileiras alternadas de pedras brancas e pretas. Essa técnica, chamada *ablaq*, é muito utilizada pelos mamelucos para decorar as fachadas de seus monumentos.

A administração mameluca

Durante o reinado dos mamelucos, numerosos cristãos, drusos e xiitas convertem-se ao islamismo sunita, que é a religião oficial.
As comunidades sunitas se desenvolverão especialmente nas cidades costeiras de Trípoli, Beirute e Saida.

Alguns não sunitas praticam *et-taqqiyya* ou "a dissimulação": eles fingem ser sunitas para esconder sua verdadeira convicção religiosa.

Originalmente militares, **os mamelucos reorganizam a administração** de sua província. *Bilad Ech-Cham* é dividida em seis **mamlacas**. Cada *mamlaca* tem um chefe militar e um governador. Esses dois homens eram diretamente nomeados pelo sultão instalado no Cairo. Uma *mamlaca* era dividida em várias **niyabas.**

É o sultão quem delimita as parcelas ou *muqata'as* do império. Cada *muqata'a* é confiada a um líder da região, chamado *muqata'ji,* que deve pagar ao governador mameluco um tributo anual. Esse imposto é cobrado sobre os produtos agrícolas colhidos pelos camponeses. O *muqata'ji* também deve fornecer ao chefe militar mameluco, assim que for pedido, um número determinado de soldados.

O *muqata'ji* impõe-se como chefe local na sua *muqata'a*. Dependendo de sua importância, ele toma o título de emir, *muqaddam* ou xeique.

Para melhor supervisionar a ordem em seu território, os mamelucos utilizam diversos meios de comunicação: sinais de fogo, cavalos, pombos-correios... As notícias que partem de Beirute chegam no mesmo dia em Damasco por pombo-correio. Do alto das torres chamadas *burj* os soldados supervisionam o litoral (*burj Hammud, burj Abi Haidar, burj El-Fidar*, hoje bairros de Beirute e Trípoli).

O Império Otomano

1516

'Osman, de origem turca, torna-se independente dos turcos seljúcidas e funda **a dinastia sunita dos otomanos** no ano 1300. Um de seus sucessores, Maomé II, o Conquistador, toma a cidade de Constantinopla em 1453, e ela se torna a capital do Império Otomano com o nome de **Istambul.**

O sultão otomano Salim I quer expandir seu Império no Oriente. Em **24 de agosto de 1516,** o exército otomano ataca o exército mameluco em **Marj Dabeq** no norte de Alepo. As grandes famílias *muqata'jis* do Chuf escolhem seu campo: os Tannoukh e os Buhtur apóiam seus senhores, os mamelucos, enquanto que **os Ma'n,** outra família drusa, preferem aguardar o resultado da batalha. A derrota mameluca é total. O sultão Salim I atravessa a Síria, conquista o Egito e depois retorna a Damasco, onde convoca os emires da região. Alguns emires da montanha libanesa, entre eles o emir Ma'n, apressam-se em honrar o vencedor. O sultão aprecia as palavras desse emir Ma'n, e lhe concede o controle do Chuf. Ele reconhece aos outros emires seus papéis de *muqata'ji*.

O Império Otomano se estenderá por todo o Oriente Médio, pela Grécia, pela Ásia Menor e pelos Bálcãs e durará 400 anos.

Em 1584, o Papa Gregório XIII cria **o colégio maronita** em Roma. Nesse colégio, jovens maronitas recebem o ensinamento necessário para pertencer ao clero. Dois alunos formados por este colégio, Jibrail El-Sahyuni (1577-1648) e Ibrahim El-Haqilani (1605-1664), ensinam siríaco e árabe em Roma e em Paris. São os **fundadores do movimento orientalista.**

Enquanto os europeus partem para a conquista do Novo Mundo com Cristóvão Colombo e Magalhães e vivem seu Renascimento na arte, na cultura e na ciência, o Império Otomano instala-se no Oriente.

A administração otomana

Com a chegada dos otomanos, **as principais famílias libanesas muqata'ji** (emires ou xeiques) são os 'Assaf no Kesrwan, os Sayfa no 'Akkar, os Ma'n no Chuf, os Chehab no Wadi Et-Taym, os Furaykh e os Harfouch na Beqa'. Na montanha libanesa, dois clãs, cuja origem remonta às tribos árabes de antes da Hégira, estão em perpétuo conflito: **os qayssi e os yamani.** Os Buhtur, os Tannoukh, os Ma'n e os Chehab pertencem ao clã qayssi, os Arslan e os 'Alam Ad-Din, ao clã yamani.

Estrutura piramidal dos impostos

Instalado no seu palácio em Istambul, também chamado de "A Sublime Porta", **o sultão otomano** dirige o império. Ele é assistido por um conselho, **o** *diwan.*

As divisões administrativas do império são idênticas às dos mamelucos. A *mamlaca* é chamada, a partir desse momento, de *wilaya.* Cada *wilaya* é dividida em **liwas. Damasco, Alepo e Trípoli** são, no início, as três *wilaias* de *Bilad Ech-Cham.* Para o comando de cada *wilaia* o sultão designa um **wali** que leva o título de **paxá.** Cada *wali* comanda um exército. O sultão dispõe de um corpo de elite, os janízaros: são jovens crianças cristãs arrancadas de seus pais, islamizadas e criadas em obediência total ao sultão.

A sucessão dos emires é feita de pai para filho. Eles são obrigados a pagar anualmente o **miri,** tributo fixado pelo *wali.* Consequentemente, quem decide sobre o imposto local é o emir. Os xeiques cobram o imposto de seus camponeses e pagam ao emir. Por sua vez, o emir paga o que deve ao poder otomano e guarda o restante para si e para seu emirado, para construções, justiça local, armas...

As relações entre emires e *walis* são difíceis! Para conservar seu poderio, os emires ora se mostram servis e oferecem presentes, ora utilizam a força ou a astúcia.

O emir Fakhr Ad-Din II Ma'n

1590

Em 1590, o emir Fakhr Ad-Din II Ma'n é o terceiro emir Ma'n a governar o emirado druso do Chuf. As famílias Chehab, 'Assaf, Khazen e Arslan são suas aliadas. Seus inimigos são os Sayfa do 'Akkar e o *wali* de Damasco. Homem sábio e tolerante, ele se cerca de conselheiros drusos, muçulmanos e cristãos. Sua mãe, *Sitt* Nassab (Senhora Nassab), está sempre a seu lado para auxiliá-lo.

O ambicioso Fakhr Ad-Din quer **ampliar e enriquecer seu emirado.** Para isso, ele recruta um exército permanente, constituído de mercenários, os *sokmans*, e pode reunir, se necessário, até vinte mil homens, chamando às armas camponeses e xeiques do emirado. Graças à sua habilidade e a suas vitórias militares, ele anexa a Beqa', Saida, o Kesrwan e Beirute. Saida substitui Dayr El-Qamar como capital do emirado. A abertura marítima é assegurada.

Em 1608, Fakhr Ad-Din sela **uma aliança comercial e militar com a Toscana** (estado da península italiana). Numerosos veleiros europeus aportam em Beirute e Saida. Os otomanos reagem violentamente. Em 1613, o exército do *wali* de Damasco invade a montanha. Fakhr Ad-Din perde territórios... Ele foge para a Toscana e confia a administração do emirado a seu filho e a seu irmão.

Pequeno de estatura, Fakhr Ad-Din provoca o escárnio de seus inimigos, os Sayfa: "um ovo pode cair de seu bolso sem se quebrar", dizem eles. Ao que Fakhr Ad-Din responde: "O serrote, por mais curto que seja, abate os maiores pinheiros, e a menor pena pode fazer o recenseamento do Universo".

Por volta de 1610, **a primeira tipografia** com caracteres siríacos é instalada no convento de Qozhaya, no vale de Qadicha. A língua árabe escrita em caracteres siríacos é o **karchuni**.

O apogeu de Fakhr Ad-Din

1623

Khan El-Franj

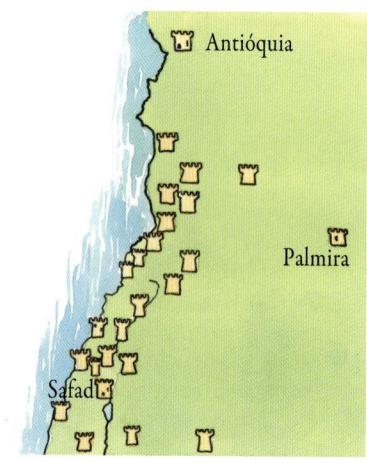

Para defender melhor seu território, Fakhr Ad-Din conserta as antigas **fortalezas** e constrói novas.

Em 1649, Luís XIV, rei da França, compromete-se a proteger os maronitas. Treze anos mais tarde, Abu Naufal El Khazen é o **primeiro cônsul titular da França** em Beirute. Em 1660, os otomanos criam uma nova **wilaya em Saida** para controlar melhor a região.

Depois de **cinco anos de exílio** entre a Itália e a Espanha, **o emir Fakhr Ad-Din** obtém o *amã* (perdão) do sultão. Ele retorna a Saida e reorganiza seu exército. A Europa envia-lhe armas. Em 1623, Fakhr Ad-Din derrota o exército do *wali* de Damasco em 'Anjar. O sultão otomano reconhece sua supremacia militar e lhe dá o título de *Sultan El-Barr*. De conquista em conquista, Fakhr Ad-Din estende sua autoridade de Antióquia, ao norte, até Safad, ao sul, e Palmira, a leste.

A agricultura e o comércio florescem. Fakhr Ad-Din desenvolve o cultivo em terraços, como por exemplo o cultivo das amoreiras, indispensáveis para a criação do bicho-da-seda. Os viajantes e os comerciantes da Europa e do Oriente alojam-se nos khans e aí compram seda, algodão, azeite, azeitonas, uvas e especiarias. O ***Khan El-Franj*** de Saida é totalmente reformado. Arquitetos e mão-de-obra italianos constroem fortalezas e pontes, assim como os **dois palácios do emir,** em Saida e em Beirute.

A unificação do território, assim como a segurança, a tolerância e a prosperidade encorajam, pela primeira vez, os maronitas a se deslocar em direção ao sul, ao Matn e ao Chuf.

Mas o poderio de Fakhr Ad-Din inquieta os otomanos e, **em 1633,** a campanha do novo *wali*, Kuchuk Pacha, é decisiva. **Fakhr Ad-Din é preso em Istambul** e executado dois anos mais tarde.

Os Chehab sucedem aos Ma'n

1697

'Ayn-Dara

O último emir Ma'n falece sem deixar herdeiros. As famílias *muqata'ji* do Chuf escolhem, com o consentimento dos otomanos, seu novo emir: **o emir Bachir Chehab. O emir Haydar Chehab é seu sucessor.** Os Chehab eram, há muito tempo, os emires de Wadi Et-Taym. Aliados e parentes dos Ma'n, eles são sunitas e pertencem ao mesmo clã, o clã qayssi.

Em 1711, em 'Ayn Dara, o emir Haydar esmaga seus inimigos, os yamanis, que são sustentados pelos *walis* de Damasco e de Saida. Essa vitória consagra-o senhor de toda a montanha. Os drusos do clã yamani abandonam definitivamente o Chuf e refugiam-se no Hauran. O emir Haydar redistribui, então, títulos e *muqata'as* às famílias que o apoiaram. Ele concede aos Abillama' do Matn o título de emires, enquanto os Khoury de Rachmayya tomam o título de xeiques. Ele favorece os xeiques Jumblat de Mukhtara, assim como os xeiques 'Imad, Nakad, Khazen, Hubaych... No Chuf, o poder dos Jumblat se estenderá rapidamente. Uma nova rivalidade nasce entre seus partidários, os jumblatis, e seus oponentes – os yazbaquis ('Imad...).

Nesse meio tempo, os camponeses maronitas continuam a se instalar no Matn e no Chuf. A partir de 1750, vários emires das famílias Chehab e Abillama' convertem-se ao cristianismo, escolhendo o rito maronita. Em 1771, **o emir Yussef Chehab** é o sexto emir Chehab e o primeiro maronita a governar o emirado do Chuf.

Em 1683, dá-se uma cisão na Igreja Melquita. **Os gregos-católicos** ligam-se a Roma, e **os gregos-ortodoxos** permanecem fiéis à Igreja Bizantina.

Na montanha e em seus arredores reina total segurança. Os missionários cristãos pregam em paz. As **primeiras escolas** são instaladas nos monastérios ('Ayntura, 1728). Mas os livros são raros e copiados à mão. O analfabetismo persistirá ainda por muito tempo.

O emir Bachir II Chehab

1788

Bayt Ad-Din

Em 1799, o general francês **Bonaparte** e seu exército sitiam a cidade de Acre defendida por Al-Jazzar. Bonaparte pede ajuda ao emir Bachir: "...minha intenção é tornar a nação drusa independente, aliviar o tributo que ela paga e devolver-lhe o porto de Beirute e outras cidades..." O emir Bachir não responde a esse chamado. Bonaparte tem de levantar o cerco.

Cristão por nascimento, muçulmano por casamento, o emir Bachir tem em seu palácio uma mesquita e uma capela.

O emir Bachir Chehab é criado no Kesrwan, na pobreza. Muito jovem ele sai em busca de fortuna em Dayr El-Qamar, no palácio do emir Yussef, seu primo. **Al-Jazzar,** *wali* **de Saida,** reside em Acre, e os Jumblat conspiram contra Yussef. Com o auxílio deles, o jovem Bachir torna-se líder do Chuf em **1788,** mas Al-Jazzar torna as coisas difíceis para ele!

Após a morte de Al-Jazzar, em **1804,** o emir Bachir pode, finalmente, consolidar seu poder. Ele afasta seus inimigos: cinco famílias *muqata'ji* drusas têm suas terras confiscadas; os dois filhos do emir Yussef têm os olhos furados; somente os Jumblat conservam, provisoriamente, seus privilégios. Bachir mantém um bom relacionamento com o novo *wali*, o que lhe permite estender sua autoridade sobre todo o Monte-Líbano, assim como sobre a Beqa'.

O emir Bachir manda construir estradas, pontes... e um **grandioso palácio em Bayt Ad-Din.** É lá que ele recebe viajantes, poetas, escritores, músicos...

Mas o tributo exigido pelos otomanos aumenta, e as taxas também: a população está descontente. Em 1821, o emir Bachir tem de se exilar no Egito durante um ano. De volta a Bayt Ad-Din, ele elimina seu antigo aliado, o xeique Bachir Jumblat, que conspira contra ele. Vencedor, o emir Bachir torna-se, então, o senhor incontestável de toda a montanha; mas os drusos jamais o perdoarão por ter assassinado seu chefe e por ter confiscado suas terras.

A ocupação egípcia

1832

Mohamad 'Ali é o *wali* todo-poderoso do Egito. Ele aspira a um Estado independente dos otomanos. Seu filho, **Ibrahim Pacha**, chega com seu exército até as portas de Acre e de Saida. **O emir Bachir apóia as tropas egípcias** enquanto muitas famílias drusas, entre elas os Nakad e os Jumblat, unem-se às tropas otomanas. De vitória em vitória, Ibrahim Pacha ocupa *Bilad Ech-Cham* e ameaça Istambul. A França e a Grã-Bretanha obrigam-no a parar, ao mesmo tempo em que reconhecem seu poder sobre os territórios já conquistados.

Ibrahim **reorganiza a administração** de *Bilad Ech-Cham*. Cristãos e muçulmanos participam lado a lado nos novos conselhos municipais; os impostos são revistos, a polícia aumenta a vigilância. Certos direitos que até então eram reservados aos muçulmanos agora são concedidos também aos cristãos: o comércio dos grãos e do gado, o uso do turbante branco...
As medidas de higiene são melhoradas: quarentenas, hospitais...
Mas a segurança e a ordem não duram. Para sustentar seu exército de ocupação, os egípcios **exigem novos impostos, trabalho obrigatório e serviço militar.** É o próprio emir Bachir quem inspira essa política, esses abusos e injustiças. Ele envia 4000 maronitas armados para esmagar a revolta drusa no Hauran. O abismo entre drusos e maronitas aumenta.

O emir Bachir e seus filhos substituem o turbante otomano pelo *tarbuch* egípcio.

As mulheres dos emires e dos xeiques usam o ***tantur***, um chifre de prata oco, com ornamentos gravados em alto ou baixo relevo, com um longo véu que cai sobre os ombros. No dia de seu casamento a noiva coloca seu *tantur* e não o abandona mais, mesmo à noite, até a sua morte.

Os viajantes europeus são numerosos. O orientalismo cresce: Barlett e Roberts desenham Tiro, Sídon, Biblos... Lamartine, Nerval, Renan, fazem longas descrições do país.

O desembarque anglo-otomano

1840

A partir de 1835 **navios a vapor** ingleses navegam no Mediterrâneo Oriental. Eles facilitam o desembarque de tropas inglesas na baía de Junieh.

As principais culturas da montanha são as oliveiras para o azeite, as vinhas para o vinho, as amoreiras para a seda. A produção da seda desenvolve-se e adapta-se às novas técnicas européias. **As primeiras fiações industriais** são construídas no Monte-Líbano pelos franceses. Milhares de meias de seda são exportadas pelo porto de Beirute.

A ocupação egípcia torna-se intolerável. **Ibrahim Pacha** estabelece o serviço militar obrigatório e desarma a população: primeiro os muçulmanos e drusos, logo depois os cristãos.

Em junho de 1840, maronitas, drusos, xiitas e sunitas, camponeses e xeiques, todos juntos, erguem-se contra o emir Bachir e a ocupação egípcia. Guerrilhas são organizadas, estradas são bloqueadas... Os franceses, protetores tradicionais dos maronitas, mas também aliados do Egito de Mohamad 'Ali, estão constrangidos. Os otomanos e os ingleses apóiam os rebeldes. Os egípcios recebem um ultimato!
No dia 11 de setembro de 1840, ingleses, otomanos e austríacos – um regimento de 8500 homens comandados por Sir Charles Napier – **desembarcam na baía de Junieh** após terem bombardeado Beirute. Os rebeldes recebem armas e munições... As tropas de Ibrahim Pacha retiram-se para o Egito. **O emir Bachir segue para o exílio,** após ter governado durante 52 anos. Ele morre em Istambul, dez anos mais tarde, com a idade de 87 anos.

Os otomanos designam seu sucessor, um maronita da família Chehab: **Bachir III Chehab.**

O último emirado

1841

Com a saída dos egípcios e do emir Bachir II, as famílias drusas, despojadas ou exiladas, reclamam seus antigos privilégios e a restituição das terras confiscadas.
O emir Bachir III Chehab recusa.
Revoltadas, essas famílias exigem sua saída. O patriarca maronita apóia o emir. A tensão entre as duas comunidades cresce.

No dia 13 de outubro de 1841, a situação agrava-se ainda mais na cidade cristã de Dayr El-Qamar. Casas são pilhadas e incendiadas. O emir Bachir III refugia-se no palácio da cidade. As batalhas alastram-se por todo o Chuf e depois em Zahlé. Os otomanos só intervêm depois de um mês, com o pedido premente dos europeus. É então que enviam um mediador para Beirute: Mustafá Pacha, um alto oficial do exército otomano.

Em 13 de janeiro de 1842, os otomanos destituem Bachir III de suas funções e exilam-no em Istambul.
É o fim dos Chehab e do emirado do Monte-Líbano.
Omar Pacha, um oficial do exército otomano, **é agora o novo governador da montanha.** Ele se instala em Bayt Ad-Din e governa em nome do sultão otomano.

Beirute: os cônsules europeus, assim como o *wali* de Saida, acabam de se instalar em Beirute. A cidade passa por um florescimento comercial: seu porto já suplanta os de Trípoli e Saida. As mercadorias chegam de Damasco, de Alepo e da montanha e são exportadas para a Europa. Os comerciantes de Beirute enriquecem.

Duas *qaimaqamiyas*: uma região drusa, uma região cristã.

1843

ZONAS COM POPULAÇÃO MISTA

Depois das rebeliões de 1845, é estabelecido o **"regulamento de Chakib Efendi"**, ministro otomano. As duas *qaimaqamiyas* são conservadas, a população é desarmada.

Em cada *qaimaqamiya* há **um conselho** que representa todas as comunidades religiosas e é presidido pelo *qaimaqam*, que organiza os impostos e a justiça. Seus membros são designados pelos bispos e pelos xeiques religiosos depois de serem aprovados pelo *wali* de Saida. O poder dos *muqata'jis* enfraquece. Somente Dayr El-Qamar, enclave cristão, tem um governador otomano, o *mutassalim*.

Cristãos e drusos estão descontentes com a política de Omar Pacha. Os drusos clamam por revolta e cercam Bayt Ad-Din com a ajuda dos homens vindos de Hauran e de Wadi Et-Taym chefiados por Chebli El-'Aryane. Os otomanos conseguem expulsá-los, mas destituem Omar Pacha de suas funções.

O problema da montanha libanesa torna-se internacional: a França quer restabelecer o antigo emirado, e os otomanos, apoiados pelos russos, querem conservar uma administração direta. A Áustria propõe um acordo: **a montanha libanesa é divida em duas regiões distintas** chamadas *qaimaqamiyas*. Uma, cristã, no norte; e outra, drusa, no sul. Elas são separadas pela estrada Beirute-Damasco. O *wali* de Saida, que agora reside em Beirute, indica o emir maronita Haydar Abillama' como *qaimaqam* cristão e o emir druso Ahmad Arslan como *qaimaqam* druso. Mas os problemas não estão resolvidos. Muitos drusos vivem entre os cristãos no Matn, que está situado na *qaimaqamiya* cristã; e, na *qaimaqamiya* drusa, dois habitantes em cada três são maronitas.

Em abril de 1845, os afrontamentos entre as duas comunidades recomeçam em 'Aley e depois se alastram até o Chuf e o Matn. Alguns meses mais tarde os otomanos intervêm, sempre pressionados pela insistência das potências europeias, a fim de cessar os combates.

A revolta camponesa maronita

1858

Na comunidade maronita, **o poder do clero cresce** em detrimento do poder dos *muqataʻjis*. Esse poder apóia-se nas riquezas dos conventos, que possuem aproximadamente um terço das terras da montanha, e no número crescente de monges, em sua maioria de origem camponesa.

Além disso, o *qaimaqam* cristão, Bachir Ahmad Abillamaʻ está em perpétuo conflito com os xeiques do Kesrwan, pois desconsidera alguns de seus direitos adquiridos há séculos. Os Khazen esperam atrair os aldeões para sua causa. Mas os camponeses recusam: eles estão descontentes com sua condição e com as pesadas taxas impostas pelos xeiques. Eles se organizam em torno dos jovens líderes das aldeias, chamados **xeiques chabab,** o xeique dos jovens, e pedem a supressão dos privilégios. O clero os apóia.

Tanios Chahine, muleteiro de Rayfun, toma a liderança do movimento. Em 1º de janeiro de 1859, ele chefia o assalto às terras dos Khazen e dos Hubaych. As casas são pilhadas; os xeiques do Kesrwan fogem para Beirute. Na *qaimaqamiya* drusa a situação não é das melhores. Embora os numerosos camponeses maronitas esperem poder seguir o movimento, **a revolta não se estende para a zona drusa.** Alimentando a desconfiança que já existe entre drusos e cristãos, os *ʻuqqals* – chefes religiosos drusos – encorajam os camponeses drusos a continuar solidários a seus xeiques tradicionais.

Cena da vida camponesa.

A França e a Grã-Bretanha preocupam-se com todo e qualquer acontecimento no Líbano. Durante a revolta maronita, os franceses apóiam os camponeses, o clero e o *qaimaqam,* enquanto os ingleses protegem os xeiques.

Os acontecimentos de 1860

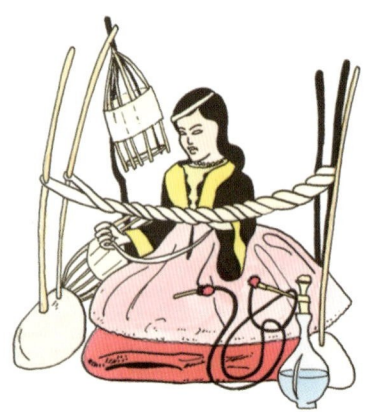

1860

Fiação da seda.

Beirute é uma cidade próspera fora das duas *qaimaqamiyas*. Como resultado dos combates sangrentos na montanha, numerosos refugiados cristãos (gregos católicos e gregos ortodoxos, principalmente) correm para Beirute.

Pouco a pouco, as muralhas de Beirute são derrubadas para permitir que a cidade se expanda e possa conter mais habitantes. Bab-Edriss é demolido em 1860; em 1862, o antigo palácio do emir Fakhr Ad-Din é destruído...

Na montanha libanesa, as relações entre cristãos e drusos não melhoram, pois a população cristã que habita as regiões mistas é numerosa e a instalação das fiações de seda européias enriquece os cristãos, que são os principais comerciantes. Além disso, a maioria das operárias que trabalham nessas fiações é cristã. As provocações multiplicam-se. Europeus e otomanos intervêm. As duas comunidades armam-se e espreitam-se.

A partir de 30 de maio de 1860, os combates intensificam-se nos burgos de B'abda, Jezzine, Hasbayya, Zahle... Os otomanos nada fazem. Em menos de um mês as perdas humanas, os desabrigados e os danos materiais são muito grandes, especialmente entre os cristãos. Agora, os drusos são os senhores do Wadi Et-Taym, do Chuf e da Beqa'.

No dia 6 de julho, os otomanos propõem que as duas partes acabem com os combates e "esqueçam o que aconteceu".

No dia 9 de julho, o bairro cristão de Damasco é atacado e pilhado. As tropas francesas desembarcam em Beirute e só se retiram um ano mais tarde, após a abolição das duas *qaimaqamiyas* e com o estabelecimento de uma nova administração, a *mutassarifiya*.

O Monte-Líbano autônomo: a *mutassarifiya*

1861

Os representantes das cinco grandes potências européias – França, Grã-Bretanha, Rússia, Prússia e Áustria – assim como o representante otomano, Fuad Pacha, reúnem-se em Beirute para encontrar uma solução para o conflito da montanha libanesa e acabam por anular as duas *qaimaqamiyas*.
O Monte-Líbano torna-se uma província otomana autônoma, uma *mutassarifiya* administrada por um governante: o *mutassarif*. Esse governador deve ser otomano, católico e não libanês, ser nomeado pelos otomanos e, em seguida, aceito pelos poderes europeus. Ele preside um **conselho administrativo local,** encarregado de repartir o imposto e gerir as despesas e as rendas do Monte-Líbano. Quando o montante total das receitas ultrapassa as despesas, o superávit é revertido para o governo otomano; em caso contrário, os otomanos saldam o déficit. Uma polícia local garante **a ordem e a segurança. O sistema dos *muqata'jis* é abolido.**
Daoud Pacha, o primeiro *mutassarif*, distribui as altas funções do governo entre as grandes famílias para compensar a perda de seus direitos. Somente Yussef Karam, chefe maronita do norte e último qaimaqam cristão, se revolta. Ele tem de deixar o país. **Oito *mutassarifs* sucedem-se durante 54 anos,** até o início da Primeira Guerra Mundial. A região prospera, e **os complexos rodoviário e ferroviário desenvolvem-se.**

A partir de 1864, **o conselho administrativo** do Monte-Líbano passa a ser constituído por doze pessoas, eleitas de acordo com as bases comunitárias: 4 maronitas, 3 drusos, 2 gregos-ortodoxos, 1 grego-católico, 1 sunita, 1 xiita.

A *mutassarifiya* do Monte-Líbano. As quatro grandes cidades costeiras, Trípoli, Beirute, Saida e Sur, fazem parte da wilaya de Beirute. O vale da Beqa' pertence à *wilaya* de Damasco.

O despertar cultural: a *Nahda*

O porto de Beirute

O desenvolvimento de Beirute.
Em 1862, Beirute é ligada a Damasco por uma estrada transitável. Em 1892, é terminada a estrada de ferro que liga Beirute a Damasco passando por Rayaq. Em 1894, o porto de Beirute é reformado por uma empresa francesa que detém seu monopólio.

Em 1906, é fundada a empresa otomana de bondes e iluminação de Beirute. Os primeiros bondes elétricos esquadrinham as principais ruas da cidade (em Trípoli os bondes são puxados por mulas).

No dia 24 de dezembro de 1913, **o piloto francês Vedrines** aterrissa o primeiro aeroplano em Trípoli, e, no dia seguinte, em Beirute.

O desenvolvimento econômico de Beirute é acompanhado de um grande **florescimento cultural.** A partir de 1860, a instrução espalha-se graças à implantação de **escolas e colégios:** a Universidade Americana (1866) e depois a Universidade São José (1875) abrem suas portas em Beirute. Novas **gráficas** instalam-se em Beirute e no Monte-Líbano, e surge um número cada vez maior de livros, **jornais diários** e **periódicos.** Em 1875 os dois irmãos Takla fundam no Egito o jornal árabe El-Ahram. Nassif e Ibrahim El-Yazigi traduzem a Bíblia para o árabe, e Butros Bustany redige a primeira enciclopédia em árabe. **A língua árabe** revive em grande parte graças aos libaneses! Beirute é o centro cultural da região.

Nos círculos de intelectuais **jorram ideias novas de nacionalismo:** alguns querem uma grande Síria, reagrupando todas as comunidades que tiveram um mesmo passado, uma mesma cultura e uma mesma língua: o árabe. Outros preferem falar de uma grande nação árabe livre dos otomanos...

Os habitantes da *mutassarifiya* do Monte-Líbano sentem-se apertados. A população tornou-se muito densa num território exíguo; **muitos são os que emigram** para o Egito, a África e as Américas. Os emigrantes enriquecidos mandam importantes somas de dinheiro a suas famílias que ficaram no país.

Durante a Primeira Guerra Mundial...

1915

A Primeira Guerra Mundial estoura em 1914. O império otomano alia-se ao Eixo (Alemanha, Áustria e Hungria) contra os Aliados (França, Grã-Bretanha e Rússia).

Em 1915, o exército otomano, encabeçado por Jamal Pacha, ocupa o Monte-Líbano, **abole a *mutassarifiya*** e nomeia um governador otomano muçulmano.

Uma série de catástrofes abate-se sobre o Monte-Líbano: os Aliados impõem um bloqueio marítimo, o trigo já não chega a Beirute, gafanhotos devastam as plantações, a população morre de fome, epidemias de tifo e de cólera propagam-se.

Cristãos e muçulmanos procuram libertar-se do jugo dos otomanos. Os Aliados os ajudam secretamente. **Os otomanos enforcam trinta e três homens** nas praças públicas de Beirute e de Damasco.

Em maio de 1916, secretamente, a Grã-Bretanha e a França dividem os territórios do Oriente Médio: é o **acordo Sykes-Picot.** Esse acordo outorga à França o controle do Líbano e da Síria após o fim da guerra. Apesar do tratado de Sykes-Picot, os ingleses continuam prometendo um reino árabe a Hussein, *charif* de Meca, guardião desse lugar sagrado do islamismo. Em junho de 1916, Hussein revolta-se contra os otomanos, com o apoio militar e financeiro dos ingleses. Juntos, o exército britânico e as tropas árabes conduzidas por Faiçal, filho de Hussein, avançam pela Palestina.

Os primeiros **massacres de armênios** efetuados pelos otomanos ocorrem em abril de 1915. Numerosos armênios refugiam-se no Líbano.

A declaração Balfour:
Balfour, ministro britânico das Relações Exteriores, em uma carta a lorde Rothschild, datada de 2 de novembro de 1917, escreve:
"O governo de Sua Majestade encara favoravelmente o estabelecimento na Palestina de um lar nacional para o povo judeu, e empregará todos os seus esforços para facilitar a realização desse objetivo..."

O fim dos Otomanos

1918

... A Grande Síria

Exijo um reino árabe!

O Grande Líbano

1918 a 1923 são **anos de insegurança.** Bandidos mascarados pilham os viajantes nas estradas.

Alguns escritores emigrados, como Gibran Khalil Gibran, originário de Bchareh, fundam em Nova Iorque *Ar-Rabita Al-Qalamiya,* ou *The Pen Club.*

Diante das vitórias militares dos britânicos e dos árabes, **os otomanos batem em retirada.** Os dois exércitos entram em Damasco em 1º de outubro de 1918; **Faiçal** é recebido por uma multidão exultante. Ele cria um governo militar e, quatro dias mais tarde, a bandeira árabe é alçada em Beirute e B'abda. Com base no acordo de Sykes-Picot, a França reage: em 7 de outubro, **a frota francesa aporta em Beirute,** seguida pela frota britânica... A bandeira árabe é retirada.

Vencidos pelos Aliados, os otomanos assinam o armistício em 30 de outubro. É o fim de um império que durou 400 anos!

Em janeiro de 1918, **inicia-se em Paris a Conferência da Paz,** na qual os Aliados decidem o destino das regiões libertadas do jugo otomano. As delegações sucedem-se umas às outras: o patriarca maronita pede, em nome dos cristãos libaneses, um **Grande-Líbano;** o emir Faiçal exige um **reino árabe;** os nacionalistas sírios reivindicam uma **Grande-Síria independente,** englobando o Líbano, a Palestina e a Transjordânia.

A França e a Inglaterra, de comum acordo com os Estados Unidos, propõem uma nova fórmula – o mandato – que deverá preparar esses países para a independência. **O mandato sobre a Síria e o Líbano é confiado à França.**

O Grande-Líbano sob mandato francês

1920

Em julho de 1920, as tropas francesas derrotam as forças árabes em Mayssalun e conquistam Damasco. O emir Faiçal tem de deixar a Síria, mas, em compensação, os ingleses o designarão, no ano seguinte, rei do Iraque.

O mandato francês é instaurado no Líbano e na Síria. **Em 1º de setembro de 1920,** o general Gouraud, alto-comissário francês, proclama, em Beirute, **a criação do Grande-Líbano.**
O Grande-Líbano abrange o Monte-Líbano da mutassarifiya, ao qual são acrescentadas as regiões da Beqa', do Wadi Et-Taym, do Jabal 'Amel, de Sur, de Saida, de Beirute e de Trípoli, sendo Beirute a capital.
O **alto-comissário francês** detém o poder executivo e o poder legislativo, sendo assistido por um **governador** francês. A partir de 1922, os libaneses elegem **um conselho representativo** local, que se ocupa dos problemas de finanças e de saúde pública.

A maior parte dos cristãos está satisfeita. Os partidários de uma Grande-Síria unida são os menos satisfeitos. Em 1925, os drusos do Hauran revoltam-se contra a ocupação francesa. Essa revolta estende-se às regiões drusas de Hasbayya, Marje'yun e Wadi Et-Taym. Só o Chuf, liderado por *Sitt* Nazira Jumblat, não segue o movimento. Os franceses esmagam a revolta.

Em 1920, a França divide a Síria em 4 Estados distintos:
Damasco, Alepo, o território 'alauita e o Jabal ad-Duruz.
Em **1924**, Damasco e Alepo formam o Estado da Síria.
Em janeiro de **1942**, o território 'alauita e o Jabal ad-Duruz tornam-se também parte do Estado sírio.

Em 1920 é emitida uma moeda local, comum ao Líbano e à Síria: **a libra sírio-libanesa.** Essa unidade monetária dura até 1948.

A Constituição Libanesa

1926

Para **Michel Chiha**, principal redator da Constituição, o Líbano é um país que só pode existir se resguardar as relações cordiais entre as diferentes comunidades. Contudo, no texto da Constituição, as funções governamentais jamais foram repartidas, por escrito, com bases confessionais.

Em 1931 a população de Beirute boicota durante três meses a empresa francesa de eletricidade e de bondes, cujas tarifas julgam muito altas.

O conselho representativo prepara a Constituição Libanesa, sob a supervisão dos franceses.

Em 23 de maio de 1926 o alto-comissário francês aprova o texto, ressalvando, porém, que o país continua sob mandato francês.

A Constituição é redigida em francês e em árabe e delimita as fronteiras do Grande-Líbano, que se torna **a República Libanesa,** "Estado independente, unido, indivisível e totalmente soberano" (artigo primeiro). Todos os cidadãos são iguais perante a lei. O poder executivo é confiado ao **presidente da República,** auxiliado por **um conselho de ministros,** que ele nomeia ou revoga. O poder legislativo é detido pela **Câmara dos Deputados:** sua tarefa é eleger o presidente da República, discutir e votar as leis.

Os partidários de uma "Grande-Síria" aceitam mal essa Constituição, pois ela consolida as fronteiras que separam o Líbano e a Síria.

Em 26 de maio de 1926 o primeiro presidente da República Libanesa é eleito: **Charles Debbas,** grego-ortodoxo, francófilo. Ele designa seu primeiro ministro, **Auguste Adib,** que forma o primeiro conselho de ministros. Segue-se uma série de conselhos, tendo por primeiros ministros maronitas: Bechara El-Khoury, Émile Eddé, Habib El-Saad... A Câmara dos Deputados é presidida por um sunita: **Mohamad El-Jisr.**

Os franceses suspendem a Constituição

1932

O mandato presidencial de Charles Debbas termina em 1932. **A disputa pela presidência entre Émile Eddé e Bechara El-Khoury** divide os libaneses. Mohamad El-Jisr aproveita-se disso para propor sua candidatura. Preocupado em ver um muçulmano ascender à presidência, **o alto-comissário francês suspende a Constituição,** dissolve a Câmara dos deputados **e nomeia** Charles Debbas presidente. Em janeiro de 1933, Habib El Saad o substitui, sempre nomeado pelos franceses.

Os franceses restabelecem a Constituição por etapas. **Em 1936,** novas eleições presidenciais ocorrem. Os dois candidatos maronitas enfrentam-se novamente: Émile Eddé quer um Líbano independente com ligações privilegiadas com a França; Bechara El-Khoury exige um Líbano independente, aberto ao mundo árabe.

Eddé é eleito presidente da República. Sua tarefa é difícil, pois os libaneses estão divididos; os movimentos muçulmanos exigem a união com a Síria. Eles são apoiados pelo **Partido Nacional Sírio,** que, tendo sido fundado em 1932 por um grego-ortodoxo, Antun Saadé, também reivindica essa união.

Reagindo a isso, em 1936 jovens cristãos libaneses reúnem-se em torno de um maronita, Pierre Gemayel: são os *kataëb*. Um ano mais tarde, numerosos muçulmanos aderem a um novo movimento: os *najjada*.

A Segunda Guerra Mundial estoura em 1939. **Os franceses suspendem novamente a Constituição.**

O último censo oficial é de 1932:

maronitas	226.000	28%
gregos-ortodoxos	76.500	10%
gregos-católicos	46.000	6%
outros cristãos	53.500	7%
total de cristãos	**402.000**	**51%**
sunitas	176.000	22%
xiitas	154.000	20%
drusos	53.000	7%
total de muçulmanos	**383.000**	**49%**

O porto de Beirute é ampliado.
Em 1933, é criada uma zona franca com 70.000 m² de entrepostos.
Em 1938, é construída a segunda doca.

Ingleses e franceses opõem-se na cena libanesa. Émile Eddé mantém-se fiel aos franceses; Bechara El-Khoury e Camille Chamoun aproximam-se dos ingleses.

O tráfico comercial do porto de Beirute é ativado pelas necessidades das forças aliadas no Líbano e na Síria. Devido à nova invenção do náilon e da seda artificial, diminui a produção da fiação da seda libanesa.

Em primeiro de setembro de 1939 começa a guerra na Europa. Em junho de 1940, os alemães invadem a França. O marechal Pétain governa a França ocupada. De Londres, o general francês Charles de Gaulle apela à resistência.

No Líbano, o povo está descontente: os preços sobem, falta comida. **Émile Eddé** renuncia. **Alfred Naccache** o substitui, nomeado pelos franceses.

Em 8 de junho de 1941, o exército inglês, auxiliado por um contingente da França livre, invade o Líbano e a Síria, tendo como base a Palestina. Os homens de Pétain precisam retirar-se. Nesse dia, aviões franceses despejam milhares de papéis onde se lê: "Sírios e libaneses... **revogo o mandato e os proclamo livres e independentes...** Assinado: General Catroux, em nome do General de Gaulle".

Mas os libaneses deverão esperar março de 1943 para ver sua Constituição restabelecida, sob pedido expresso dos ingleses. Catroux, delegado geral francês, nomeia, então, **Ayoub Tabet** presidente da República e o encarrega de preparar as eleições, mas ele fracassa. **Pétro Trad** é nomeado em seu lugar, e as eleições acontecem. A nova Câmara é constituída de 55 deputados: 30 cristãos e 25 muçulmanos. Desse momento em diante, essa proporção de 6 cristãos para 5 muçulmanos será respeitada.

A independência e o Pacto Nacional

1943

Em 21 de setembro de 1943, **Bechara El-Khoury** é eleito presidente da República. Ele pede auxílio a seu aliado sunita **Ryad El-Solh**, para formar o gabinete ministerial. Em conjunto, esses dois homens definem **o Pacto Nacional***.

Aproveitando a ausência do delegado geral da França livre, Helleu, **a Câmara dos Deputados emenda a Constituição,** em 8 de novembro, suprimindo todas as referências ao mandato francês. Essa emenda é assinada por Bechara El-Khoury e publicada no dia seguinte no Diário Oficial.

De volta a Beirute, Helleu manda prender, em 11 de novembro, Bechara El-Khoury, Ryad El-Solh, os ministros Camille Chamoun, Salim Takla e 'Adel 'Osseirane, assim como o deputado de Trípoli 'Abd El-Hamid Karamé. **Eles são presos** na fortaleza de Rachayya. Helleu suspende a Constituição, dissolve a Câmara dos Deputados e nomeia Émile Eddé chefe de Estado.

Cristãos e muçulmanos, *kataëb* e *najjada*, todos juntos, declaram greve geral; multidões vão às ruas, rebeliões explodem. O descontentamento popular, assim como as pressões da Grã-Bretanha e dos Estados Unidos, fazem os franceses voltar atrás. **Os prisioneiros são libertados em 22 de novembro: é o fim do mandato.**

O dia 22 de novembro torna-se a data da festa nacional da Independência. A evacuação total das tropas francesas só acontecerá em 1946.

* **O Pacto Nacional**
Por meio de seus discursos, Bechara El-Khoury e Ryad El-Solh elaboram o Pacto Nacional libanês de 1943. Esse Pacto é **um acordo tácito,** não escrito. Ele define o Líbano como um país independente com "face árabe". Ele reparte as funções governamentais e administrativas de acordo com a importância numérica das comunidades: o presidente da República é um maronita; o primeiro ministro, um sunita; o presidente da Câmara dos deputados, um xiita.

Os primeiros passos do Líbano independente

1948

1948: criação do Estado de Israel. O Líbano alia-se aos países árabes na luta contra a ocupação da Palestina e assina um armistício com Israel em 1949. Aproximadamente 90.000 palestinos encontram refúgio no Líbano. Os primeiros campos de refugiados são implantados nos subúrbios das cidades.

1953: o direito de voto é dado às mulheres.

O petróleo transita pelo Líbano e enriquece o país: dois oleodutos levam o petróleo do Iraque e da Arábia Saudita até a costa libanesa. Refinado em Trípoli e em Zahrani, esse petróleo é transportado por petroleiros até a Europa.

Em maio de 1948, uma nova Câmara dos Deputados emenda a Constituição "a título excepcional" para reeleger Bechara El-Khoury como chefe de Estado. Um ano mais tarde, em consequência de uma derrubada do poder da Síria, o PPS (o Partido Popular Sírio) fomenta distúrbios no Líbano. Seu líder, Antun Saadé, é preso e depois fuzilado, com seis de seus partidários. Mas o PPS se vinga: em 16 de julho de 1951, o primeiro-ministro **Ryad El-Solh é assassinado** em Amã. Seu desaparecimento abala o regime. A oposição se generaliza, e Bechara El-Khoury tem de renunciar.

Em 22 de setembro de 1952, **Camille Chamoun** é eleito presidente da República. Com ele, o sistema libanês – baseado em **uma liberdade de opinião e de imprensa e um sistema econômico liberal** – contrasta com os regimes militares sírio e egípcio. O livre comércio, a estabilidade da libra libanesa, assim como o sigilo bancário instaurado em 1965, atraem capitais e investimentos egípcios, sírios e palestinos.

Com o boicote árabe do Estado de Israel, **Beirute** não tem concorrência em sua costa marítima e torna-se o **principal centro financeiro e comercial do Oriente Médio.** O aeroporto internacional de Khaldé, inaugurado em 1950, liga Beirute ao mundo inteiro. O turismo se desenvolve; o estádio poliesportivo, construído na capital, acolhe os jogos mediterrâneos; é organizado o Festival Internacional de B'albek; o Cassino do Líbano é construído no alto, de frente para a baía de Junieh...

A crise de 1958

1958

Em 1956, **o presidente egípcio Gamal 'Abd El-Nasser** nacionaliza o Canal de Suez. Essa nacionalização dá início à Guerra de Suez. Nasser pede aos Estados Árabes que rompam relações diplomáticas com a Grã--Bretanha e a França. O presidente Chamoun recusa. Um ano mais tarde, ele liga o Líbano à "Doutrina Eisenhower"*. Para certos libaneses – e principalmente para a comunidade muçulmana – **a política estrangeira pró-ocidental de Chamoun** contraria o Pacto Nacional, pois contradiz a "face árabe" do Líbano.

Em 22 de fevereiro de 1958, Nasser proclama **a união do Egito e da Síria,** a República Árabe Unida (1958-1961).

No Líbano, os partidários de Nasser vão às ruas para celebrar essa união. Em maio, um jornalista hostil a Chamoun, Nassib Matni, é assassinado em Beirute. **A insurreição explode** em Trípoli, depois estende-se a Beirute, a Saida, à Beqa', ao Chuf... O general comandante do exército, Fouad Chéhab, recusa intervir militarmente. Chamoun pede a intervenção direta dos Estados Unidos. Em 15 de julho, no dia seguinte à derrubada da monarquia no Iraque, **os *marines* da 6ª frota norte-americana desembarcam em Beirute.** A revolta é apaziguada.

Em 31 de julho, a mediação americana leva **Fouad Chéhab** à presidência da República. Mas a guerra civil só terá fim após a formação de um governo de salvação pública com o bordão "nem vencedor nem vencido".

* **A Doutrina Eisenhower** (presidente dos Estados Unidos) permite que os Estados Unidos utilizem suas forças armadas para defender todos os países do Oriente Médio contra uma ameaça comunista, direta ou indireta, assim que solicitado.

Em 1º de janeiro de 1958 é colocada a pedra fundamental do prédio da televisão libanesa.

O chehabismo

1959

A paz é restabelecida. **Fouad Chéhab apóia-se no exército** para reformar e reforçar o poder de seu serviço de informação, o Departamento de **Inteligência Secreta**.

Ele moderniza o Estado graças a reformas administrativas e sociais. Novas estradas cortam o país; nas regiões desfavorecidas, escolas públicas e postos de saúde são construídos; a rede de água e a rede elétrica desenvolvem-se, planos de irrigação são estudados.

Mas a ajuda trazida aos vilarejos não freia o afluxo da população rural às cidades costeiras, principalmente a Beirute: os bairros populares crescem rapidamente. Em termos de política estrangeira, o Líbano mantém boas relações com o Egito de Nasser, mantendo-se igualmente aberto à influência ocidental.

Os partidários de Chéhab são numerosos, mas muitos políticos veem com maus olhos o Estado e o exército usurpar certas liberdades e restringir seus privilégios.

Em 1964, Charles Hélou é eleito presidente da República. Ele prossegue com a política de Chéhab enquanto tenta entrar em acordo com a oposição. As realizações econômicas e sociais vão bem: é inaugurado um sistema de segurança social, são construídos vários celeiros... A estação de telecomunicações por satélite instalada em 'Arbaniye e o cabo submarino Beirute-Marselha permitem ao Líbano comunicar-se instantaneamente com o mundo todo.

1963: criação do Banco Central do Líbano, que passa a controlar o sistema bancário do país.

1966: colapso do banco Intra. O Intra era o principal banco do Líbano, e sua falência abalou a economia libanesa, mas o Estado sustentou os outros bancos em dificuldade e elaborou novas leis para reforçar o sistema bancário.

O Líbano e a resistência palestina

1967

A terceira guerra árabe-israelense estoura em 5 de junho de 1967 e dura seis dias. Israel ocupa o Sinai e a faixa de Gaza no Egito, o Golan na Síria e a Cisjordânia. O número de **refugiados palestinos** no Líbano sobe de 150.000 para 400.000. As **organizações palestinas** se multiplicam. Partindo da fronteira sul do Líbano, os **comandos palestinos,** *os fedayin,* plural de fida'i, executam operações militares em Israel. O exército libanês tenta controlar suas atividades, que são contrárias ao acordo do armistício. **Fedayin e exército enfrentam-se.** Em sinal de apoio à resistência palestina, dois primeiros-ministros sucessivos abdicam. Um congresso geral muçulmano, sustentado pelo mundo árabe, exige a liberdade de ação *fida'i* e declara só participar do governo com base nessa exigência. A Síria fecha suas fronteiras ao Líbano. A mediação de Nasser leva à assinatura dos **Acordos do Cairo* em novembro de 1969.** A Síria reabre suas fronteiras. Em agosto de 1970, **Suleyman Frangié** é eleito presidente da República. Ele afasta os chehabistas do poder e tenta controlar os palestinos. Enquanto isso, o exército do rei Hussein põe fim à presença dos *fedayin* na Jordânia (1970-1971); durante os combates, quase 10.000 palestinos refugiam-se no Líbano: os Acordos do Cairo ficam cada vez mais difíceis de ser aplicados.

* Os Acordos do Cairo são assinados pelo general Bustany, comandante geral do exército libanês, e Yasser 'Arafat, líder da Organização de Libertação da Palestina. Esses acordos regulamentam a presença e a ação dos palestinos em território libanês; eles autorizam a presença armada dos *fedayin* no interior dos campos palestinos, dando-lhes alguma liberdade de acesso e ação, mas reafirmando o respeito às autoridades libanesas, civis e militares, em qualquer circunstância, em todo o território.

Tensão política... *Boom* econômico

1973

Beirute, centro intelectual.
Artistas, escritores, pensadores de todos os países árabes, podem expressar-se livremente.

É nos cafés em torno da AUB (Universidade Americana de Beirute) e da rua Hamra que são preparados os complôs políticos árabes.

A guerra de outubro de 1973 é a quarta guerra árabe-israelense: as frentes do Golan e do Sinai pegam fogo... Os Estados Unidos atuam como árbitros. Tendo obtido um cessar fogo, o secretário de Estado americano **Henry Kissinger** aplica, durante dois anos, sua política dos "pequenos passos" para procurar uma solução de paz para o Oriente Médio.

Com base no sul do Líbano, os *fedayin* multiplicam suas ações; os israelenses bombardeiam os povoados libaneses da fronteira.
Na noite de 10 de abril de 1973, comandos israelenses desembarcam em Beirute e abatem três líderes palestinos.
Uma manifestação reagrupa os movimentos palestinos, muçulmanos e progressistas, denunciando o ataque israelense e a passividade do exército libanês; o primeiro ministro, Saëb Salam, renuncia; **os confrontos entre o exército libanês e a resistência palestina recomeçam.** Em 3 de maio, a aviação libanesa bombardeia os campos palestinos de Beirute. A Síria fecha suas fronteiras. Os combates só terminam em 17 de maio com a assinatura do **Protocolo de Melqart,** anexo aos Acordos do Cairo.

Apesar da tensão política que reina, **os bancos e o comércio continuam florescendo:** o capital árabe aflui, a libra libanesa chega a seu valor recorde (1 dólar = 2,22 LL) em outubro de 1974. O intenso tráfico do porto de Beirute necessita da construção de uma quarta doca e de novos entrepostos... Mais de 80% das mercadorias transitam de Beirute, por via terrestre, para a Síria, a Jordânia, o Iraque, a Arábia Saudita... Os turistas árabes são cada vez mais numerosos.
Mas essa prosperidade não toca todas as regiões do país: as desigualdades sociais ainda existem.

Começa a Guerra do Líbano

1975

Enquanto os Estados Unidos procuram uma solução de paz para o Oriente Médio, **o Líbano transforma-se em um barril de pólvora.** Os palestinos transformam seus campos em fortalezas; os movimentos libaneses aliados aos palestinos (nasseristas, progressistas, comunistas...) mobilizam-se; as milícias dos partidos cristãos (Kataëb, Partido Nacional Liberal...) munem-se com armas leves e pesadas; as operações israelenses intensificam-se no sul do Líbano...

No fim de 1974, uma série de incidentes opõe facções cristãs a facções palestinas e progressistas.
Em 26 de fevereiro de 1975, em Saida, durante uma manifestação popular contra o governo, o líder nasserista **Ma'rouf Saad é mortalmente ferido.**

As agitações de Saida ainda não haviam sido acalmadas quando, em **13 de abril**, acontece o evento deflagrador da guerra: **o fuzilamento de Ayn Er-Remmané*.** A situação degenera rapidamente. Explosões, tiros de morteiros, mísseis, rajadas de metralhadoras, espoucam ao redor de Beirute, e em poucos dias o centro da cidade, o bairro comercial, é paralisado pelos franco-atiradores. É o início da guerra!

Mapa de Beirute

* O fuzilamento de 'Ayn Er-Remmané no subúrbio leste de Beirute:

No dia 13 de abril, quando Pierre Gemayel, líder do partido *Kataëb*, está inaugurando uma igreja em 'Ayn Er-Remmané, quatro pessoas são mortas por um veículo não identificado. Algumas horas depois, um ônibus que transporta palestinos do campo de Sabra ao de Tall Ez-Za'tar atravessa o mesmo bairro. Ele é recebido por fogo pesado: 27 passageiros e 3 pessoas da multidão são mortos.

Nota das autoras
Janeiro de 2007

A "História ilustrada do Líbano" foi publicada em 1987, durante a guerra do Líbano. Hoje (20 anos mais tarde), o Líbano ainda vive agitações importantes. A fim de esclarecer o leitor, relataremos os fatos que marcaram a história recente do país.

De 1975 a 1990, o Líbano vive uma guerra devastadora, com aproximadamente 120.000 mortos, milhares de desaparecidos, famílias que deixam seus lares, perto de um milhão de emigrados e danos materiais muito importantes. O país é dividido. O Estado é paralisado pelas milícias palestinas e libanesas que dominam em diferentes regiões. Os crimes políticos não cessam de pontuar a história contemporânea do país. Em 1976, a Síria instala seu exército no Líbano. Ela aí permanece por 29 anos e os dirigentes sírios intervêm regularmente na vida política libanesa.

Em 1982, o exército israelense invade uma parte do Líbano. Uma resistência libanesa é formada no Sul para libertar os territórios ocupados. Em maio de 2000 o exército israelense se retira do Líbano.

Em 1989, a Liga Árabe iniciou uma reconciliação para cessar os combates: a maioria dos deputados libaneses se reúne na Arábia Saudita. Eles adotam um documento de acordo nacional, Os acordos de Taëf, que levam à emenda da Constituição Libanesa em 1990.

É nesse período que o Iraque invade o Kuwait. A Síria, em troca de seu apoio à coalizão contra o Iraque, impõe sua paz ao Líbano e reforça sua influência.

Pouco a pouco, os investidores readquirem confiança e a libra libanesa se estabiliza. O Líbano — especialmente Beirute — se reconstrói com dinamismo. O país atrai novamente os turistas, mais particularmente os árabes e os emigrados libaneses em busca de suas raízes. Entretanto, a dívida do Estado cresce e a corrupção persiste.

Após os ataques de 11 de setembro de 2001 nos Estados Unidos, americanos e europeus intervêm de modo mais discreto no Oriente Médio...

Em setembro de 2004, a ONU vota a resolução 1559, exigindo a retirada do exército sírio do Líbano bem como o desarmamento dos campos palestinos e do partido libanês, o Hezbollah, motor da resistência contra Israel.

Em fevereiro de 2005, o ex-primeiro-ministro Rafic Hariri é assassinado. Um milhão de libaneses fazem um manifesto para reclamar a soberania e a independência do Líbano. Sob pressão local e internacional, as tropas sírias deixam o país. Entretanto, uma parte dos libaneses permanece ligada à Síria e reforça sua aliança com o Irã.

Em julho de 2006, após o sequestro de dois de seus soldados pelo Hezbollah, Israel lança sobre o Líbano uma operação militar sangrenta de 33 dias que destrói uma parte da infra-estrutura do país. Em agosto, a resolução 1701, negociada pelo governo libanês e votada pela ONU, é aceita pelos beligerantes e leva ao cessar das hostilidades. O exército libanês se desdobra no sul, e os soldados da ONU tomam posição ao longo da fronteira entre Israel e o Líbano. O Hezbollah e os palestinos continuam de posse de suas armas.

Num clima regional tenso, esse pequeno país de quatro milhões de habitantes, com dezoito comunidades religiosas de várias aspirações, debate-se infatigavelmente.

Conseguirão os libaneses encontrar uma fórmula democrática que preserve a unidade nacional e permita que as diferentes comunidades se exprimam e os cidadãos vivam em paz?

Mapas evolutivos

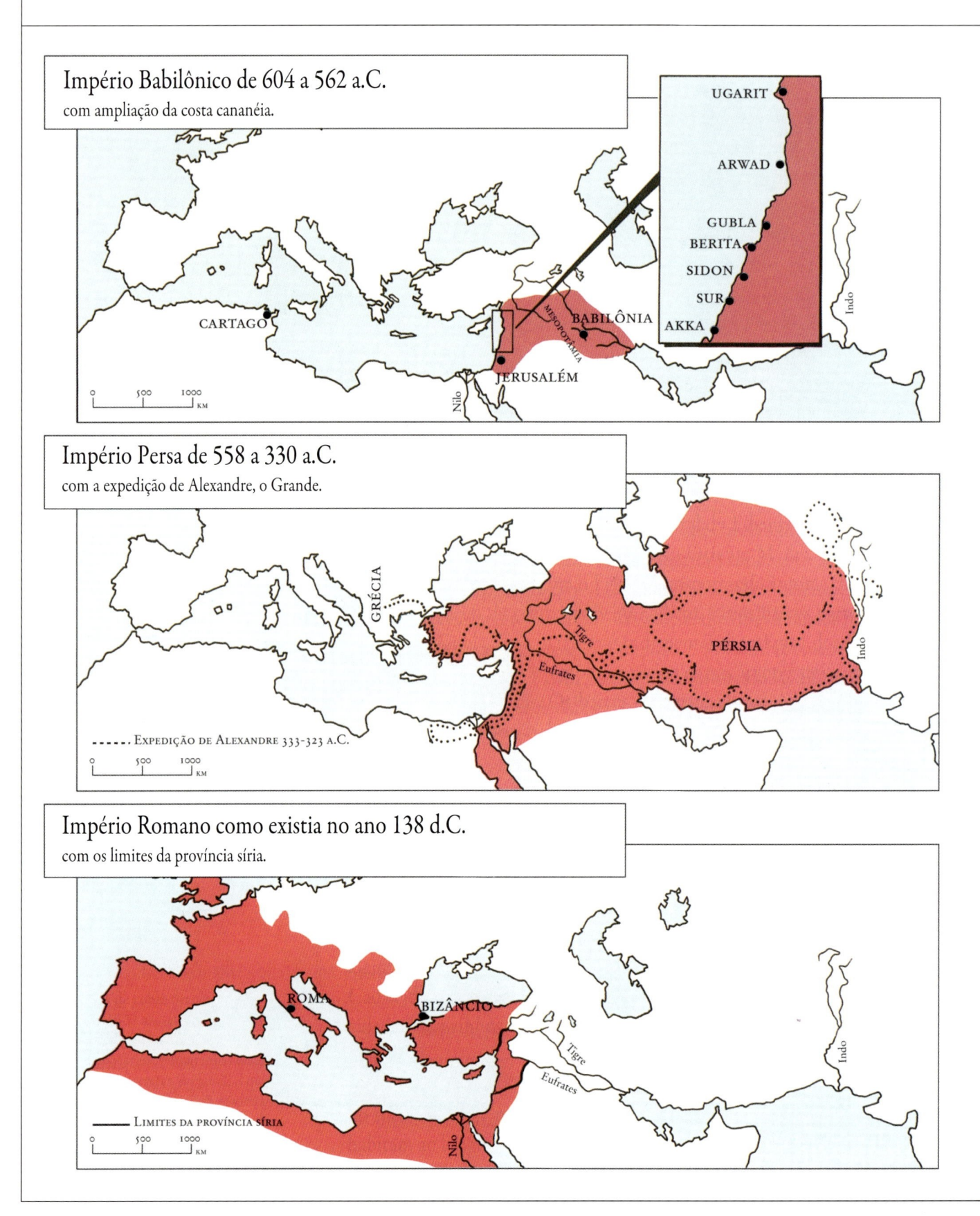

Império Babilônico de 604 a 562 a.C.
com ampliação da costa cananéia.

UGARIT
ARWAD
GUBLA
BERITA
SIDON
SUR
AKKA

CARTAGO
MESOPOTÂMIA
BABILÔNIA
JERUSALÉM
Nilo
Indo

Império Persa de 558 a 330 a.C.
com a expedição de Alexandre, o Grande.

GRÉCIA
Tigre
Eufrates
PÉRSIA
Indo

····· Expedição de Alexandre 333-323 a.C.

Império Romano como existia no ano 138 d.C.
com os limites da província síria.

ROMA
BIZÂNCIO
Tigre
Eufrates
Nilo
Indo

— Limites da província síria

Império Romano no Oriente no ano 395 d.C.

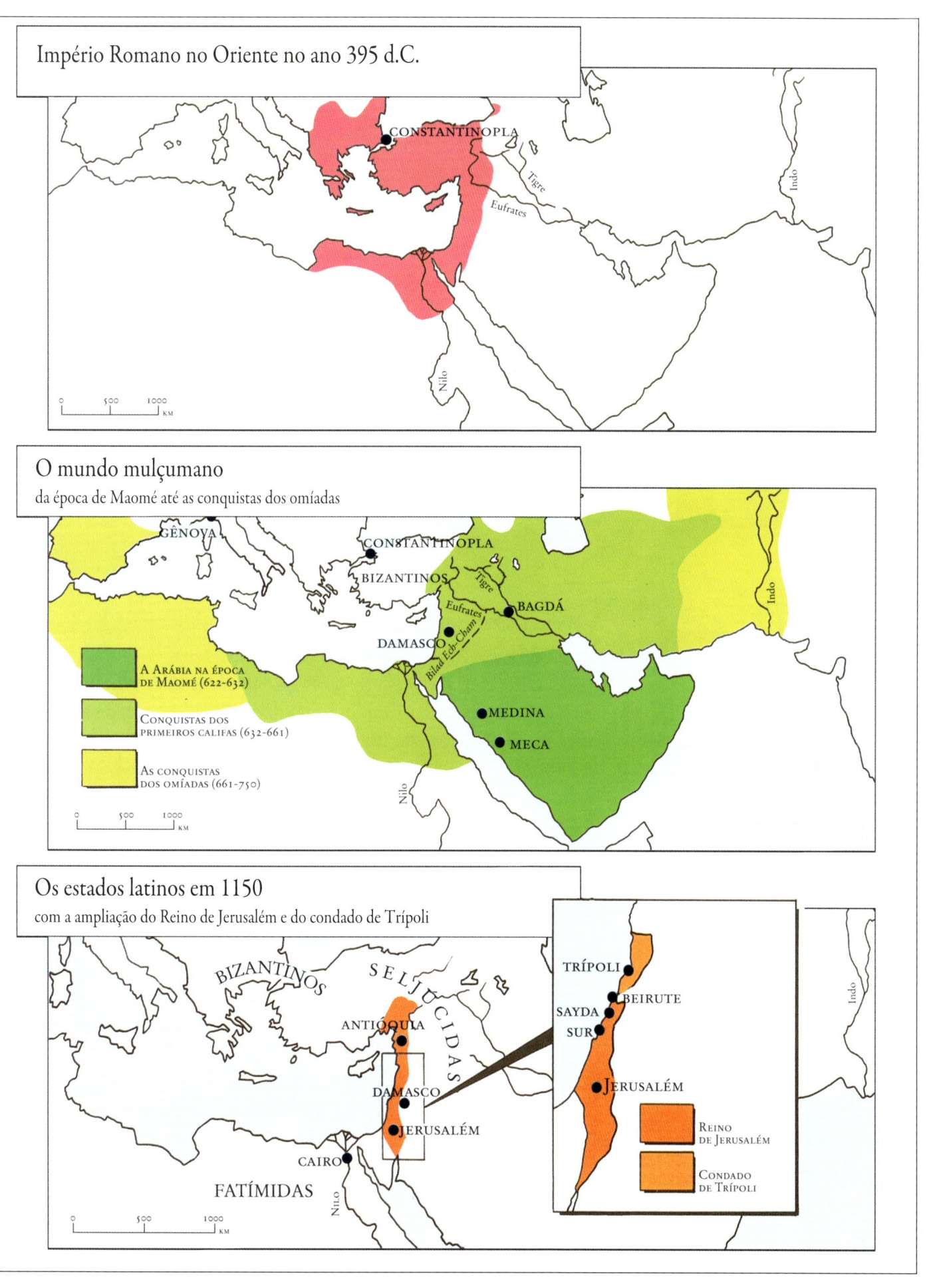

O mundo mulçumano
da época de Maomé até as conquistas dos omíadas

- A Arábia na época de Maomé (622-632)
- Conquistas dos primeiros califas (632-661)
- As conquistas dos omíadas (661-750)

Os estados latinos em 1150
com a ampliação do Reino de Jerusalém e do condado de Trípoli

- Reino de Jerusalém
- Condado de Trípoli

Os estados mamelucos de 1291 a 1516

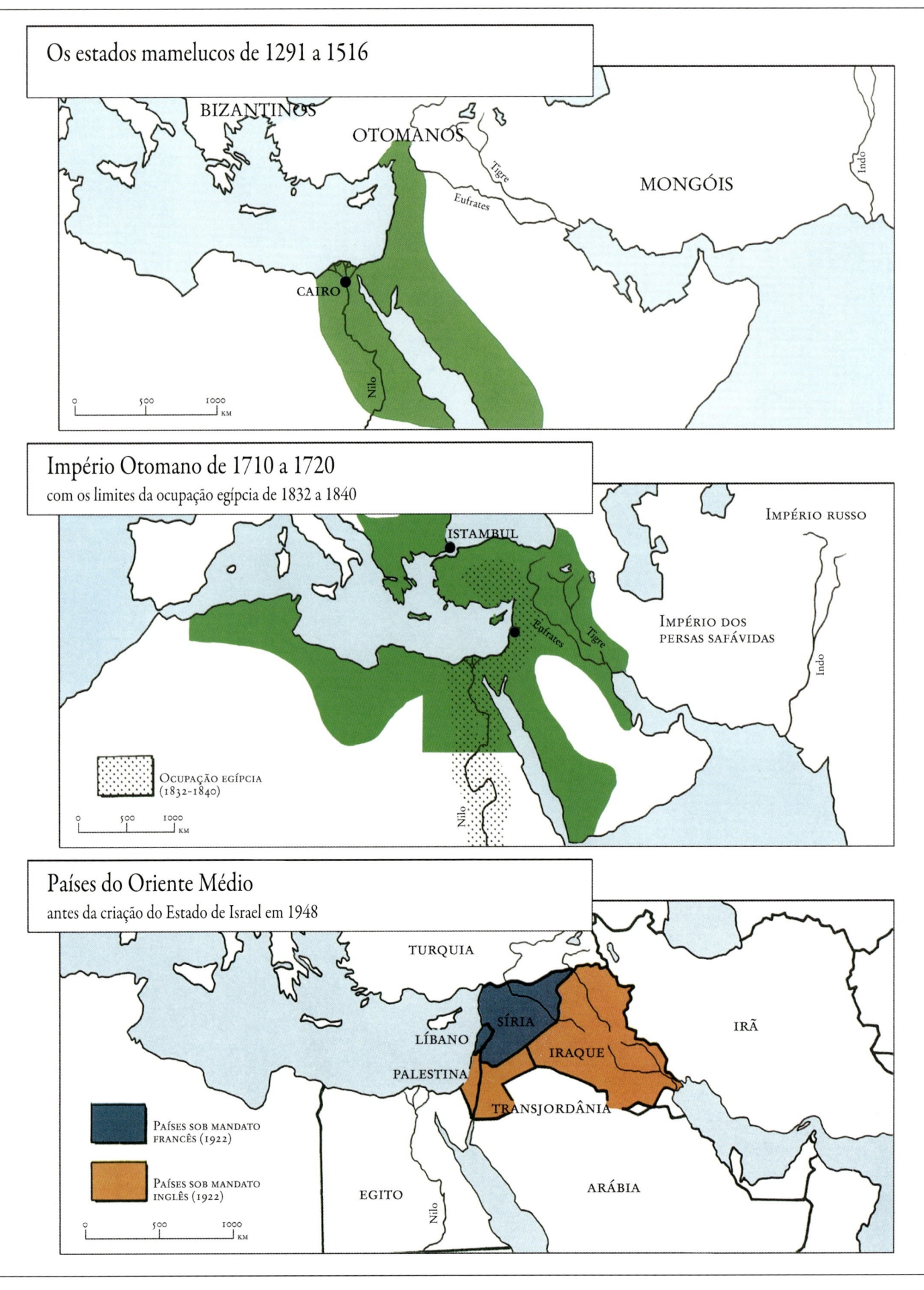

BIZANTINOS
OTOMANOS
Tigre
Eufrates
MONGÓIS
Indo
CAIRO
Nilo

Império Otomano de 1710 a 1720
com os limites da ocupação egípcia de 1832 a 1840

ISTAMBUL
IMPÉRIO RUSSO
Eufrates
Tigre
IMPÉRIO DOS PERSAS SAFÁVIDAS
Indo
Nilo

Ocupação egípcia (1832-1840)

Países do Oriente Médio
antes da criação do Estado de Israel em 1948

TURQUIA
SÍRIA
LÍBANO
IRÃ
PALESTINA
IRAQUE
TRANSJORDÂNIA
EGITO
Nilo
ARÁBIA

Países sob mandato francês (1922)
Países sob mandato inglês (1922)

Pequeno glossário da História do Líbano

– A –

Amorita: Povo nômade semita que por volta de 2300 a.C. chega do sul e instala-se no Oriente Médio.

Armistício: Acordo para cessar combates sem colocar fim ao estado de guerra.

Autonomia: Direito de um povo de administrar-se por si mesmo segundo suas próprias leis.

– B –

Bloqueio: Impedimento de toda comunicação ou comércio com o exterior.

Boicotar: Cessar voluntariamente todas as relações com uma pessoa, uma empresa ou um país.

– C –

Cisjordânia: Parte da Jordânia que está situada a oeste do Jordão.

Clero: Em uma mesma igreja, conjunto dos que consagram a vida à sua religião: padres, monges, bispos, patriarcas...

Cristianismo: Religião que se baseia no ensinamento de Jesus de Nazaré, o Cristo.

Comunidade: Grupo de pessoas com uma identidade comum. Sociedade religiosa submetida a uma regra comum.

Constituição: Lei fundamental de um país, que determina e organiza a forma como ele deve ser governado.

– E –

Economia: A economia de um país é tudo o que diz respeito à produção, à distribuição e ao consumo das riquezas desse país.

– F –

Feitoria: Ponto comercial, colônia de cunho comercial. Os fenícios fundaram feitorias em torno do Mediterrâneo.

– H –

Hebreus: Tribos nômades de língua semita. Os hebreus deram origem ao povo judeu.

Hégira: Palavra árabe que significa emigração. Em 622, Maomé saiu de Meca para Medina. Essa data marca o início do calendário muçulmano, ou o ano um da Hégira.

– I –

Imposto: Valor cobrado sobre os bens dos habitantes para assegurar o funcionamento do Estado ou do emirado.

Independência: Um país obtém sua independência quando não está sob a autoridade de outro. Ver autonomia.

Insurreição: Revolta contra o poder estabelecido.

– K –

Khan: Palavra árabe-persa que designa o lugar de repouso de caravanas; mercados públicos.

– M –

Manifestação: Demonstração pública de muitas pessoas para exprimir suas opiniões.

Micenianos: Habitantes da cidade de Micena, na península grega. Ela conheceu seu apogeu entre 1600 e 1200 a.C.

Mercenários: Soldados pagos para guerrear por um país que não é o seu.

Monte-Líbano ou *Jabal Lubnan*: Durante o emirado dos Ma'n, o nome "Monte-Líbano" designava as regiões de Bchare, Batrun, Jbayl e às vezes a do Kesrwan, todas habitadas por maronitas. Com o tempo e o avanço da população maronita para o sul, o Monte-Líbano englobou também o Matn e o Chuf.

– N –

Nacionalizar: Fazer pertencer ao Estado o que era privado.

Nacionalistas: Os que pensam que seu conceito de nação, que têm ou gostariam de ter, é o melhor. Essas pessoas formam freqüentemente movimentos políticos para apoiar suas idéias.

– O –

Orientalista: Quem conhece, estuda e descreve o Oriente.

– P –

Pacto: Acordo, aliança.

Patriarca maronita: Título religioso que designa o chefe da Igreja Maronita.

Política: Ideais e formas de governar um país.

Poder executivo: Poder governamental encarregado de velar pela execução da lei e pela administração do Estado.

Privilégios: Direitos e vantagens atribuídos a certas pessoas ou a certos grupos ou classes sociais.

– R –

Relações diplomáticas: Relações com países estrangeiros por intermédio de representantes do Estado.

República: Estado no qual o povo exerce o poder, diretamente ou por intermédio de delegados eleitos: os deputados.

Resistência: Ação dos que se opõem à ocupação de seu país. Os meios utilizados são os atentados, os ataques armados...

– S –

Semitas: Grupo de pessoas da Ásia sul-ocidental que fala línguas similares, ditas semíticas. Os amoritas, os cananeus, os arameus, os hebreus, os árabes, são semitas.

Servidão: Trabalho penoso e gratuito imposto a alguém por seu mestre, amo ou senhor.

Siríaco: Língua derivada do aramaico. É utilizada pelos maronitas e outras igrejas orientais.

Sistema liberal: Sistema que respeita a liberdade de cada um.

– T –

Transjordânia: Estado do Oriente Médio colocado sob mandato inglês em 1922. Em 1949, após a criação de Israel, tornou-se o reino da Jordânia.

Tribo: Grupo de pessoas ou de famílias que têm um mesmo ancestral, as mesmas crenças e está sob a autoridade de um mesmo líder.

Tributo: O que um Estado ou um emirado paga a outro Estado.

– V –

Vassalo: Pessoa que controla uma região para seu amo ou senhor.

– X –

Xeique: Palavra árabe, *chaykh,* que significa ancião. Título dado a um notável ou *muqata'ji*, ou título religioso entre os muçulmanos.

Transliteração

Para transcrever as palavras árabes, utilizamos um sistema simplificado que se aproxima tanto quanto possível da pronúncia usual e dos métodos modernos de ensino.

Árabe	Transliteração	Árabe	Transliteração
ا - ى	a	غ	gh
ب	b	ف	f
ت - ط	t	ق	q
ث	th	ك	k
ج	j	ل	l
ح - هـ	h	م	m
خ	kh	ن	n
د - ض	d	و	u, w
ر	r	وَ، وِ	wa, wi
ز - ظ	z	ي	i, y
س - ص	s	يَ، يِ	ya, yi
ش	ch	ـُ	u
ع	'		

Algumas referências

D'Arvieux, L., Mémoires, Paris 1735. In: *Voyageurs d'Orient* II, 1982.
Cobban, H., *The making of modern Lebanon*, 1985.
Copeland, L. & Wescombe, P.J., Inventory of Stone Age sites in Lebanon. In: *Mélanges de l'Université St Joseph*, t. XLI, 1965.
Chevalier, D., *La société du Mont-Liban à l'époque de la révolution industrielle en Europe*, 1982.
Edey, M.A., The Sea Traders. In: *The emergence of man*. Time-Life books, 1974.
Fiches de monde arabe, 1978-1987.
Gubel, E., Aperçu historique de la civilisation phénicienne. In: *Les phéniciens et le monde méditerranéen*, 1986.
Guys, H., Beyrouth et le Liban: relation d'un séjour de plusieurs années, Paris 1850. In: *Voyageurs d'Orient* IV, 1985.
Hitti, P., *Lebanon in history*, 1957.
Jidéjian, N., *Byblos through the ages*, 1971.
Kenyon, K.M., *Amorites and Canaanites*, 1966.
Maalouf, A., *As cruzadas vistas pelos árabes*, 1988.
Pritchard, J.B., *Recovering Sarepta, a phoenician city*, 1978.
Rabbath, E., *La formation historique du Liban politique et constitutionnel*, 1986.
Salam-Liebich, H., *The architecture of the mamluk city of Tripoli*, 1983.
Salibi, K., The buhturids of the Gharb medieval lords of Beirut and of southern Lebanon. In: *Arabica* VIII, 1961.
Salibi, K., *The modern history of Lebanon*, 1965.
Salibi, K., The secret of the house of the Ma'n. In: *International Journal of Middle Eastern studies* n° 3, 1973.
Salibi, K., *Cross-roads to civil war. Lebanon 1958-76*, 1976.
Seyrig, H., Statuettes trouvées dans les montagnes du Liban. In: *Syria* vol. 30, 1953.
Tarazi-Fawaz, L., *Merchants and migrants in nineteenth century Beirut*, 1983.
Unesco, *Le livre et le Liban*, 1982.

Sumário

Prefácio		3
Mapa do Líbano		6
A Idade da Pedra	180.000 a.C.	7
O começo da agricultura	5000 a.C.	8
A descoberta do cobre	3500 a.C.	9
A formação da cidade-estado	2800 a.C.	10
Egípcios, hititas... e egípcios de novo	1350 a.C.	11
Os fenícios, mestres do comércio no Mediterrâneo	1100 a.C.	12
Os fenícios artesãos		13
Os Impérios Assírio e Babilônico	877 a.C.	14
Os recém-chegados: os persas	539 a.C.	15
Alexandre, o Grande	333 a.C.	16
A conquista romana	64 a.C.	17
Os romanos na Fenícia		18
O Império Romano do Oriente ou Império Bizantino	395	19
As conquistas do Islã	635	20
Os omíadas	661	21
Uma nova dinastia: os abássidas	750	22
O reino dos fatímidas	969	23
Os seljúcidas e a primeira cruzada	1096	24
Os cruzados ocupam a região costeira	1109	25
Salah Ad-Din El-Ayyubi	1187	26
Os mamelucos expulsam os cruzados	1291	27
A administração mameluca		28
O Império Otomano	1516	29
A administração otomana		30
O emir Fakhr Ad-Din II Ma'n	1590	31
O apogeu de Fakhr Ad-Din	1623	32
Os Chehab sucedem aos Ma'n	1697	33
O emir Bachir II Chehab	1788	34
A ocupação egípcia	1832	35
O desembarque anglo-otomano	1840	36
O último emirado	1841	37
Duas *qaimaqamiyas*: uma região drusa, uma região cristã	1843	38
A revolta camponesa maronita	1858	39
Os acontecimentos de 1860	1860	40
O Monte-Líbano autônomo: a *mutassarifiya*	1861	41
O despertar cultural: a *Nahda*		42
Durante a Primeira Guerra Mundial...	1915	43
O fim dos otomanos	1918	44
O Grande-Líbano sob mandato francês	1920	45
A Constituição Libanesa	1926	46
Os franceses suspendem a Constituição	1932	47
A França livre proclama a independência do Líbano	1941	48
A independência e o Pacto Nacional	1943	49
Os primeiros passos do Líbano independente	1948	50
A crise de 1958	1958	51
O chehabismo	1959	52
O Líbano e a resistência palestina	1967	53
Tensão política... *Boom* econômico	1973	54
Começa a Guerra do Líbano	1975	55
Nota das autoras		56
Mapas evolutivos		58-61
Pequeno glossário da História do Líbano		61
Algumas referências		62

Os autores

Nayla de Freige

Nascida em 1953, em Beirute, é casada e tem dois filhos. Graduada em Economia pela Universidade Americana de Beirute (1972-1974), é presidente do Festival Internacional de B'albeck e diretora geral do jornal *L'Orient-Le Jour*, editado em francês. É diretora e presidente geral do jornal mensal econômico *Le Commerce du Levant*.

Maria Saad Pascalides

Também nascida em 1953, em Beirute, é casada e tem dois filhos. Formou-se em Biologia e em Arqueologia pela Universidade Americana de Beirute. É jornalista do *L'Orient-Le Jour* e de seu suplemento para jovens, "Les Copains", desde 1990. Dá aulas de História e Geografia no Colégio Louise Wegman desde 1991.

Fadlallah Dagher

Libanês, nascido em 1961, Fadlallah Dagher vive e trabalha em Beirute. Paralelamente à sua atividade de arquiteto, ele ilustrou a *História Ilustrada do Líbano* e *O arqueólogo jovem na mais velha cidade portuária do mundo*.

A ocupação através dos séculos

| XXIV | XXIII | XXII | XXI | XX | XIX | XVIII | XVII | XVI | XV | XVI | XIII | XII | XI | X | IX | VIII | VII | VI | V | IV | III | II |

Amoritas e Cananeus | Império Egípcio | Cidades Fenícias | Império Persa | Império Grego

Império Assírio/Babilônico